TRAGÉDIA GREGA
O MITO EM CENA

TRAGÉDIA GREGA
O MITO EM CENA

Daisi Malhadas

Ateliê Editorial

Copyright © 2003 by Daisi Malhadas

Direitos reservados e protegidos pela Lei 9.610 de 19.2.1998.
É proibida a reprodução total ou parcial sem autorização, por escrito, da editora.

ISBN 85-7480-187-9

ATELIÊ EDITORIAL
Rua Manoel Pereira Leite, 15
06709-280 – Granja Viana – Cotia – SP
Telefax: (11) 4612-9666
e-mail: atelie_editorial@uol.com.br
www.atelie.com.br

Impresso no Brasil 2003
Foi feito depósito legal

Ao Dario, *meu irmão,*
que, ao me oferecer na minha infância
as obras de Monteiro Lobato, propiciou-me
a iniciação no mundo grego.

SUMÁRIO

Uma Vez mais o Estagirita – *Renata Pallottini* 11
Introdução 15
1. A Definição de Tragédia por Aristóteles 17
2. As Partes do Enredo e o Trágico 29
3. Poesia Teatral 43
4. A Vingança em Cena 51
5. E Após a Vingança... Orestes 65

Conclusão 75

Apêndices 79
  As Dionisíacas Urbanas e as Representações
  Teatrais em Atenas 81
  A Tragédia Grega Hoje – Algumas Representações no Brasil 95

Bibliografia 107

UMA VEZ MAIS O ESTAGIRITA

Não há dúvida: alguém que se dispõe a escrever sobre a *Poética* e, a horas tantas, declara: "assim, contrariando Aristóteles...", merece, de início, todo o nosso respeito. E é o que faz a autora, singelamente afirmando o resultado de suas (muitas) investigações, de suas (muitíssimas) noites em claro, para contrariar uma observação básica do Filósofo do Liceu. Singela e firmemente, a autora expõe e prova que, de fato, a afirmativa de Aristóteles sobre o caráter secundário do espetáculo na tragédia grega deve ser tomada com um certo cuidado.

Essa assertiva aparece no sumarento capítulo VI da *Poética*, que tanta matéria nos fornece e tanto prazer nos dá, a nós, os fanáticos por Aristóteles. De fato, na tradução de Antônio Pinto de Carvalho, está dito que: "A quinta parte compreende o canto: é o principal condimento (do espetáculo). Sem dúvida, a encenação tem efeito sobre os ânimos, mas não faz parte da arte, nem tem nada a ver com a poesia". De fato, que nada tenha a ver a encenação com a Poesia propriamente dita, a poesia dramática, neste caso, se compreende; mas deve-se entender que nada tem a ver com *a arte poé-*

tica, que é aquela a que se refere, primordialmente, o filósofo neste passo, e não com qualquer arte. A representação é, sim, elemento de uma outra arte, que posteriormente se desenvolveu de tal modo a tornar-se predominante, até, em certo tipo de Teatro e módulo fundamental em *todos* os tipos de Teatro.

Mas o que Daisi Malhadas faz é chamar nossa atenção para a existência *de um espetáculo contemporâneo à criação da tragédia*, o qual, embora não aparecesse nos fragmentos narrativos que, hoje, nos acostumamos a chamar *rubricas* e que antes se chamavam *didascálias*, as quais não existiam na época, era instaurado pelo próprio diálogo, pelas palavras postas na boca das personagens, que, necessariamente, *apresentavam, introduziam, anunciavam, indicavam formas, meios, caminhos, detalhes*, que iriam aparecer através dos caracteres, das ações e das conseqüências da tragédia.

É fora de dúvida que o arranjo dos fatos, o enredo, a evolução da ação, a peripécia e o reconhecimento, o desfecho, a passagem da fortuna ao infortúnio, a catarse, pareciam muito superiores e essencialmente mais importantes para a Arte aos olhos de Aristóteles, do que as formas do espetáculo. No entanto, em nenhum momento ignora ele os pedidos dos trágicos:

...E vós, mancebos
que aqui morais e sois da minha idade,
 dai-me o último adeus...

pede Hipólito, no final da tragédia de Eurípides; e não se pode ignorar esta rubrica subentendida que, através das palavras, concita os demais a um gesto de solidariedade. É necessário que, no espetáculo, este gesto seja, ao menos, esboçado. E isto é *representação, é ato cheio de sentido.*

Por outro lado, se, também de Eurípides, Electra diz ao irmão, ainda sem reconhecê-lo

Uma Vez mais o Estagirita

...Tu bem vês o quanto estou magra e abatida...

é natural que se espere, do público, um esforço de imaginação – de resto sempre presente nos públicos da tragédia ática – para que se veja, no rapaz vestido com túnica e máscara específica, uma donzela modificada pelo sofrimento. E isso é espetáculo.

Em sua "Conclusão", a autora engloba toda a argumentação que já utilizara com maestria para dar-nos, inclusive, uma visão histórica do que foi a tragédia grega em seu tempo. É fora de dúvida que os poetas utilizassem a palavra poética para instaurar uma realidade. A corporificação, a concretização dessa palavra poética redundava, portanto, no espetáculo.

Chamar a atenção sobre essa faceta da *Poética*, acrescentando-lhe, ainda, capítulos esclarecedores sobre a origem da Tragédia, sobre a história das representações em Atenas e, depois, das apresentações do gênero no Brasil é obra que se justifica por si, sem maiores preâmbulos.

Foi o que fez Daisi Malhadas em sua *Tragédia Grega: O Mito em Cena*. A obra não necessita mais apresentações.

Renata Pallottini

INTRODUÇÃO

Se Aristóteles, na *Poética*, reconhece o espetáculo como a parte da tragédia que mais seduz o espírito, considera-a, no entanto, "a mais estranha à arte e a menos própria da poética" (50b 17), enquanto o mito é a "alma da tragédia" (50a 39). As reflexões deste trabalho tentam discutir essas afirmações para compreender o papel do espetáculo em relação ao mito na dramaturgia trágica. Com esse fim, as reflexões compõem o seguinte percurso:

- entender a definição de tragédia de Aristóteles, segundo suas próprias explicações;
- estudar o enredo (MŶTHOS) e suas partes e, nele, o trágico;
- observar como os diálogos das tragédias montam o espetáculo;
- propor análise de tragédias.

Ao tentar, com esse percurso, discutir as afirmações aristotélicas, as reflexões encaminham contribuições para a discussão de teatro como literatura e espetáculo.

Esse percurso foi, muitas vezes e em muitos pontos, corrigido e melhorado, graças às criteriosas sugestões e aos comentários dos Professores Dr. Carlos Alberto da Fonseca (USP) – docente e pesquisador de teatro sânscrito, com experiência em direção e interpretação teatral; Dra Lídia Fachin (UNESP) – docente e pesquisadora de Estética Teatral do Curso de Pós-Graduação em Letras – Estudos Literários da Faculdade de Ciências e Letras de Araraquara; Dra Renata Pallottini (USP) – docente, pesquisadora de teatro da ECA e EAD; poeta, romancista e dramaturga.

A eles meus agradecimentos

1
A DEFINIÇÃO DE TRAGÉDIA POR ARISTÓTELES

A tragédia é a representação de uma ação.

Nos parágrafos da *Poética* imediatamente subseqüentes à definição de tragédia, Aristóteles expõe o que significam os termos nela empregados. Entretanto, para compreendermos a abrangência de suas explicações, convém pesquisar também ao longo da *Poética*. Vamos, então, abordar a definição com a ajuda, de modo especial, da própria *Poética*.

Propomos, inicialmente, a seguinte tradução da definição:

A tragédia é a representação
   de uma ação
      nobre e completa,
      com uma certa extensão,
      em linguagem poetizada,
         cujos componentes poéticos se alternam nas partes da peça,
      com o concurso de atores e não por narrativa,
      que pela piedade e pelo terror opera a catarse desse gênero de emoções.

(49b 24-27)

A TRAGÉDIA É A REPRESENTAÇÃO...

Traduzimos MÍMĒSIS por representação e não por imitação, como se costuma, apoiando-nos em reflexões mais recentes sobre o termo, principalmente de Roselyne Dupont-Roc e Jean Lallot. Dizem eles, na introdução a sua tradução comentada da *Poética*:

[...] a MÍMĒSIS é "poética", isto é, CRIADORA. Não EX-NIHILO: há uma matéria-prima que é o homem dotado de caráter, capaz de ação e de paixão, preso numa rede de acontecimentos. Estes dados, o poeta não imita como se fizesse um decalque [...] o poeta, enquanto MIMĒTḖS, constrói [...] uma "história" (MŶTHOS) com seus actantes funcionais. Ele só imita para representar: os objetos que lhe servem de modelos [...] apagam-se por trás do objeto [...] história representada [...]. MÍMĒSIS designa esse movimento que parte de objetos preexistentes e chega a um artefato poético, e a arte poética é, segundo Aristóteles, a arte dessa passagem[1].

Consideram, ainda, esses autores que traduzir MÍMĒSIS e o verbo MIMEÎSTHAI por "representação" e "representar" possibilita dar-lhes como complementos tanto o OBJETO MODELO como o OBJETO PRODUTO[2].

Aristóteles não define o que seja REPRESENTAÇÃO. Limita-se a dizer que a tendência para representar, por ser inata no homem, é

---

1. "[...] la MÍMĒSIS est 'poétique', c'est-à-dire CRÉATICE. Non pas EX NIHILO: le matériau de base es donné, cést l'homme doué de caractère, capable d'action et de passion, pris dans un réseau d'événements. Ce donné, le poète ne l'imite pas comme on fait un décalque...; le poéte, lui, en tanto que MIMÈTÈS, construit, [...], une 'histoire' (MUTHOS) avec ses actants fonctionnels. Il n'imite que pour représenter: les objets qui lui servent de modèles [...] s'effacent derrière l'objet [...] histoire REPRÉSENTÉE [...] Mimésis désigne ce mouvement même qui partant d'objets préexistants aboutit à un artefact poétique, et l'art poétique selon Aristote est l'art de ce passage" (Dupont-Roc e Lallot, 1980, p. 20).
2. Dupont-Roc e Lallot, 1980, p. 20.

a causa primeira do nascimento da poesia³. Toda poesia, então, é representação. A epopéia, a tragédia, a comédia, o ditirambo, a arte aulética e a citarística apenas se distinguem por que

> ou representam
> por MEIOS diferentes,
> ou representam
> OBJETOS diferentes,
> ou representam
> de MODOS diferentes
> (47a 13-17)

...REPRESENTAÇÃO DE *UMA AÇÃO*

O objeto que a tragédia representa é uma ação. Logo de início, na definição, fica estabelecida a preeminência do enredo (MŶTHOS) sobre os caracteres (ÉTHĒ), embora estes, como também o pensamento (DIÁNOIA), sejam OBJETOS⁴. Essa preeminência fica clara quando Aristóteles afirma que, nas tragédias, as personagens não agem para representar caracteres, mas, por suas ações, é que se desenham os caracteres⁵.

É preciso examinar o que Aristóteles entende por MŶTHOS – esse "princípio e qual alma da tragédia"⁶ – para compreender a relação que estabelece com "representação de uma ação":

> chamo de enredo (MŶTHOS)
> o sistema de atos (SÝNTHESIN TÔN PRAGMÁTŌN)
> (50a 4)

3. *Poética* (48b 4).
4. *Idem* (50a 7ss).
5. *Idem* (50a 20).
6. *Idem* (50a 39).

Sistema de atos (SÝNTHESIS ou SÝSTASIS PRAGMÁTŌN)[7] é como Aristóteles define MŶTHOS, que preferimos traduzir por ENREDO, enquanto Eudoro de Souza propõe "mito"[8], J. Hardy, "fable"[9], Dupont-Roc e Lallot, "histoire"[10], termos que julgamos comprometidos com certos tipos de "sistema de atos".

Certamente Aristóteles decidiu explicitar essa acepção de MŶTHOS, porque este termo tem outros sentidos, inclusive o de lenda, que também se encontra na *Poética*.

Quando se refere às lendas, chama-as de MŶTHOI PARADEDÓMENOI, ou seja, "os mitos transmitidos tradicionalmente" (as lendas, as histórias), sobre os quais se compõem as tragédias[11].

Conclui-se que:

O MŶTHOS PARADEDOMÉNOS
é OBJETO MODELO

e

O MŶTHOS (SÝNTHESIS TÔN PRAGMÁTŌN)
é OBJETO PRODUTO
da representação de uma ação.

Podemos, para exemplificar, recorrer ao mito da vingança dos filhos de Agamenão. Há o mito tradicional: a Argos, onde Clitemnestra e Egisto ocupam o trono de Agamenão, Orestes volta, às ocultas, e deposita oferendas sobre o túmulo do pai; Orestes e Electra se encontram e se reconhecem; após o reconhecimento, Orestes, por um ardil, mata Clitemnestra e Egisto. Essa história é O OBJETO-MODELO. Ésquilo, Sófocles e Eurípides REPRESENTARAM-NA, trabalhando-a de modo diferente: variam, de uma peça para outra, o lugar social, o reconhecimento, o ardil, a consumação do

---

7. *Idem* (50a 15, 32).
8. Eudoro de Souza, 1966.
9. J. Hardy, 1969.
10. Dupont-Roc e Lallot, 1980.
11. *Poética* (51b 23, 51b 22).

assassínio. Em suma, em cada peça há um enredo diferente, um OBJETO-PRODUTO criado conforme a ideologia de cada poeta.

...REPRESENTAÇÃO DE UMA AÇÃO NOBRE

A qualificação de nobre (SPOUDAÍAS) não é analisada no capítulo da definição. É remetendo-nos ao Capítulo 2 da *Poética* que podemos concluir que é nobre a ação cujas personagens são sérias (SPOUDAÎOI), no sentido de que são de caráter nobre, elevado[12]. Nisso a tragédia se diferencia da comédia, cujas personagens são baixas (PHAÛLOI)[13].

A tragédia é representação de ação e não de caracteres, mas são estes que a qualificam como NOBRE.

...REPRESENTAÇÃO DE UMA AÇÃO... COMPLETA

A qualificação de COMPLETA vem relacionada, na *Poética*, à concepção de totalidade, que só se realiza pela unidade. Ao reafirmar, no Capítulo 7, que a representação deve ser de uma ação completa, Aristóteles acrescenta inteira (HÓLĒS)[14].

Convém traduzir sua explicação dessa TOTALIDADE:

Todo é o que tem começo, meio e fim. Começo é o que NECESSARIAMENTE não está depois de outra coisa, mas depois do qual, NATURALMENTE, está ou virá outra coisa; fim, ao contrário, é o que está NATURALMENTE depois de outra coisa, quer POR NECESSIDADE, quer POR PROBABILIDADE, mas, depois dele, nada há; meio é o que está depois de uma coisa e, depois dele, está uma outra.

(50b 26 ss.)

12. *Idem* (48a 1).
13. *Idem* (48a 1 e 16).
14. *Idem* (50b 24).

Os realces são nossos, para mostrar que são esses termos grifados que tornam relevante essa explicação.

A necessidade ou a probabilidade – este último termo entendido como "uma forma atenuada da necessidade: o mais provável, o mais freqüente é também o mais plausível e o mais esperado"[15] – determina a concatenação. Observada a necessidade, os atos – as COISAS – se concatenam conforme sua própria natureza exige. A representação da ação, portanto, resulta num enredo uno e inteiro, cujos atos se concatenam de tal modo que nenhum pode ser deslocado ou suprimido, sem que o todo seja subvertido[16].

...REPRESENTAÇÃO DE UMA AÇÃO...
COM UMA CERTA EXTENSÃO

Não basta dizer que uma representação de ação é completa, "pois pode haver um todo que não tenha extensão"[17]. Assim como a representação de uma ação não pode começar e terminar ao acaso, a extensão não pode ser qualquer uma[18]. Trata-se de uma CERTA EXTENSÃO.

Após várias considerações, que não vem ao caso retomar, no Capítulo 7 Aristóteles conclui com o que ele próprio chama de uma maneira simples de fixar os limites da tragédia: a extensão suficiente é aquela que permite que se processe a passagem da infelicidade à felicidade ou da felicidade à infelicidade, por meio de acontecimentos concatenados de acordo com a verossimilhança e a necessidade[19].

15. "Une forme atténuée de la nécessité: le plus probable, le plus fréquent est aussi le plus plausible et le plus attendu" (Dupont-Roc e Lallot, 1980, p. 211, fim da nota 1).
16. *Poética* (51a 32).
17. *Idem* (50b 25).
18. *Idem* (50b 32 e 36).
19. *Idem* (51a 12 ss.).

...REPRESENTAÇÃO DE UMA AÇÃO... EM LINGUAGEM POETIZADA

Com a expressão em linguagem poetizada (HĒDYSMÉNOI LÓGOI), Aristóteles introduz o meio pelo qual se opera a representação na tragédia.

O LÓGOS ("palavra", "linguagem") qualificado de HĒDYSMÉNOS classifica a tragédia como poesia (POÍĒSIS) e a torna, assim, distinta de artes como a música instrumental e também da prosa[20]. De fato, se o LÓGOS opõe a MÍMĒSIS trágica à música, HĒDYSMÉNOS faz com que se distinga da criação em prosa.

Na edição da *Poética* de Dupont-Roc e Lallot, assim como na de Hardy, a tradução de HĒDYSMÉNOI LÓGOI é *langage relevé*. Dupont-Roc e Lallot justificam:

> A palavra que traduzimos por RELEVÉ é o particípio perfeito do verbo HĒDÝNŌ, causativo derivado de HĒDÝS, "agradável"; HĒDÝNŌ significa literalmente "tornar agradável". Ocorre, no entanto, que o substantivo derivado HÉDYSMA que se lê depois (50b 16), que também se aplica à música, designa habitualmente [...] um "tempero" destinado a temperar um prato e, no plural, "especiarias" [...][21].

Como o verbo *relever* abrange os significados de *épicer* (temperar) e de *agrémenter* (tornar agradável), é possível traduzir metaforicamente HĒDYSMÉNOS por *relevé*. Em português "tempe-

---

20. *Idem* (47b 24-28).
21. "Le mot que nous traduisons par relevé est le participe parfait passif du verb HÈDUNÔ, causatif dérivé de HÈDUS, 'agréable'; HÈDUNÔ, c'est donc littéralement 'rendre agréable'. Mais il se trouve que le substantif dérivé hèdusma qu'on lit plus loin (50b 16), également appliqué à la musique, désigne normalement [...] un 'assaisonnement' destiné à relever un plat et, au pluriel des 'épices'" [...] (Dupont-Roc e Lallot, 1980, pp. 193-194, nota 4).

rar" não possui a mesma abrangência e "linguagem tornada agradável" – tradução literal – seria pobre para explicitar tudo que HĒDYSMÉNOS significa e que o próprio Aristóteles desenvolve após a definição:

Chamo HĒDYSMÉNON a linguagem (LÓGON) que tem ritmo (RHYTHMÓN), melodia (HARMONÍAN) e canto (MÉLOS).

(49b 29)

Dupont-Roc e Lallot chamam a atenção para a redundância expressa pelo termo canto (MÉLOS), que é a linguagem com ritmo e melodia, mas não o excluem por que ele prepara a designação das partes cantadas da tragédia, ou seja, das melopéias[22].

No Capítulo 1, Aristóteles trata do emprego na poesia (ditirambo, nomo, tragédia, comédia) de ritmo (RHYTHMÓS), canto (MÉLOS) e metro (MÉTROS)[23].

Como ritmo é componente do metro e do canto e este é o metro acompanhado de melodia, a qualificação de HĒDYSMÉNOS pode ser atribuída a uma linguagem que tem os componentes poéticos de ritmo e metro. Logo, trata-se de uma linguagem "poetizada" por esses componentes.

...REPRESENTAÇÃO DE UMA AÇÃO... EM LINGUAGEM
POETIZADA, *CUJOS COMPONENTES POÉTICOS SE
ALTERNAM NAS PARTES DA PEÇA*

O MEIO LINGUAGEM se desdobra, na realidade, em dois MEIOS: ELOCUÇÃO (LÉXIS), a composição em metro, e MELOPÉIA (MELOPOIÍA), o canto[24].

22. Dupont-Roc e Lallot, 1980, p. 194, nota 4.
23. *Poética* (47b 25).
24. *Idem* (49b 29, 33).

A Definição de Tragédia por Aristóteles

Se o ditirambo, o nomo, a tragédia e a comédia empregam uma linguagem com ritmo, canto e metro, isto é, têm elocução e melopéia, a diferença é que, nos dois primeiros, esses componentes vêm em conjunto (HÁMA), e, nas duas últimas, cada um numa parte da peça[25].

Na tragédia (na comédia antiga também), algumas partes são compostas apenas em metro (sem HARMONÍA) e outras com canto (MÉLOS). Em geral, o prólogo e os episódios são compostos em metro, reservando-se o canto para as partes corais, ou seja, o párodo, entrada do coro, e os estásimos, cantos entre os episódios. Pode haver canto também nos episódios; são os chamados "cantos de cena", em que um ator canta (MONODÍA). E há, ainda, os KOMMOÍ, lamentos cantados alternadamente pelo ator ou atores e pelo coro[26].

...REPRESENTAÇÃO DE UMA AÇÃO...
COM O CONCURSO DE ATORES E NÃO POR NARRATIVA

Numa tradução mais literal teríamos: "A tragédia é a representação de uma ação..., de pessoas agindo (DRÓNTŌN)[27] e não por narrativa (DI'APANGELÍAS)".

Chegamos assim ao modo da representação. Se a tragédia tem em comum com a epopéia o OBJETO – a ação nobre – e o MEIO – a linguagem poetizada – elas se distinguem quanto ao MODO. Na epopéia, o poeta compõe a representação narrando, de modo que ele próprio, na primeira ou na terceira pessoa, introduz as personagens. No teatro, o poeta faz as personagens agirem diretamente; por isso, o que compõe se chama DRÂMA (ação)[28].

---

25. *Idem* (47b 28).
26. *Idem* (52b 14). Ver em *Antígona* de Sófocles vv. 806-881, e em *Coéforas* de Ésquilo vv. 315-477, composições expressivas de canto de cena e de KOMMOÍ.
27. Por isso traduzimos por "atores", embora essas "pessoas ajam" também no texto literário.
28. *Poética* (48a 19 ss.).

Esse MODO de representação se realiza plenamente em cena, quando cada personagem está em ação, quando a peça está sendo encenada[29]. MODO, portanto, que se realiza plenamente com o espetáculo (ÓPSIS), assumido como parte constituinte do drama, na concepção aristotélica:

> Como atores realizam a representação, em primeiro lugar, necessariamente a organização do espetáculo é uma parte da tragédia.
> (49b 31 ss. – cf. 50a 7 ss.)

... REPRESENTAÇÃO DE UMA AÇÃO...
QUE PELA PIEDADE E PELO TERROR OPERA A
CATARSE DESSE GÊNERO DE EMOÇÕES.

Da PIEDADE (ÉLEOS) e do TERROR (PHÓBOS) provém o PRAZER (HĒDONĒ) próprio de tragédia, graças à representação (DIÁ MIMÉSEŌS)[30].

O sofrimento que causa o OBJETO MODELO transmuda-se em PRAZER causado pelo OBJETO PRODUTO da representação[31].

Estaria aí, segundo Dupont-Roc e Lallot, a possível elucidação da catarse, que, na *Poética*, não é explicada.

Citemos, então, para encerrar este capítulo, a opinião desses autores:

> A KÁTHARSIS trágica é o resultado de um processo [...]: assistindo a uma história (MŶTHOS) em que reconhece as FORMAS, sabiamente elaboradas pelo poeta, que definem a essência daquilo que inspira piedade e

---

29. Cf. *Poética* (48a 23), ENERGOÛNTAS acrescentado a PRÁTTONTAS: em ação agindo.
30. *Poética* (53b 10 ss.).
31. *Idem* (48b 4 ss.).

terror, o espectador experimenta a piedade e o terror, mas de maneira quinta-essenciada, e a emoção purificada que dele então se apodera e que qualificamos de estética vem acompanhada de prazer[32].

---

32. "La KATHARSIS tragique est le résultat d'un processus [...]: mis en présence d'une histoire (MUTHOS) où il reconnait les FORMES, savamment élaborées par le poète, qui définissent l'essence du pitoyable et de l'effrayant, le spectateur éprouve lui-même la pitié et la frayeur, mais sous une forme quintessenciée, et l'émotion épurée qui le saisit alors et que nous qualifierons d'esthétique s'accompagne de plaisir". (Dupont-Roc e Lallot, 1980, p. 190, nota 3. Para entender FORMAS, ver FORME em P. Pavis, 1999, p. 181).

2
AS PARTES DO ENREDO E O TRÁGICO

> *Princípio e qual alma*
> *da tragédia é o enredo.*

Com a metáfora em epígrafe, Aristóteles salienta na *Poética*[1] o papel que na tragédia atribui ao enredo (mŷthos), cujas partes analisa nos Capítulos 10 e 11.

Então, duas partes do enredo são estas:
a peripécia e o reconhecimento;
uma terceira é o patético.

(52b 9)

Essa afirmação conclui o Capítulo 11 que explica a peripécia, o reconhecimento e, rapidamente, o patético.

No Capítulo anterior, Aristóteles vincula peripécia e reconhecimento ao enredo complexo, dizendo:

Dos enredos, uns são simples, outros complexos

1. *Poética* (50a 39).

e explica:

> Chamo simples uma ação una e contínua...
> em que, sem reconhecimento ou peripécia,
> a MUDANÇA se faz
> e
> complexa, aquela em que, com reconhecimento
> ou com peripécia ou com ambos,
> a MUDANÇA acontece.
>
> (52a 12)

Como se vê, nos dois tipos de enredo – simples e complexo – há mudança (METÁBASIS) que por isso se grifou na tradução acima. Convém de fato, logo de início, pôr em evidência que a MUDANÇA – que se entende como mudança de fortuna – não está vinculada à peripécia. Mesmo numa ação em que esta não ocorra deve haver mudança.

A mudança de fortuna pode se dar passo a passo (BÁSIS), como a caminhada de Agamenão desde o momento em que desce do carro e pisando sobre o tapete entra no palácio onde a rede o aprisiona: passo a passo do triunfo à morte.

Pode ocorrer num momento em que a ação inverte sua direção, como em *Édipo Rei*, que o próprio Aristóteles apresenta como exemplo de peripécia:

> [...] tendo alguém vindo para alegrar Édipo e livrá-lo do temor em relação à mãe, revelando quem ele era, fez o contrário.
>
> (52a 24)

Então, pode-se entender a definição de peripécia:

> [...] a conversão (METABOLÉ) das ações no contrário
>
> (52a 22)

que não ficaria muito clara sem esse exemplo.

No enredo complexo, há um lance (BOLÉ) que faz a ação tomar uma direção contrária à expectativa criada pelos fatos, ou contrária ao que os fatos pareciam fazer prever.

O imprevisto está no cerne da peripécia, como entendem Dupont-Roc e Lallot, que traduzem PERIPÉTEIA por *coup de théâtre*:

[...] se a peripécia, enquanto caracteriza a tragédia complexa, é especialmente apropriada para suscitar terror e piedade (cf. 52b 1 e Cap. 13, 52b 32), é porque acrescenta o EFEITO SURPRESA ao encadeamento necessário ou verossimilhante das ações[2].

Trata-se de algo que é imprevisto para o herói, mas que pode ser também para o espectador, se se admite a interpretação de Eudoro de Souza: "...para o espectador, a surpresa vem de que ele está assistindo agora à descoberta de relações entre fatos..."[3]

Sem dúvida, nos enredos simples há também o imprevisto, com o qual Aristóteles relaciona o trágico e o sentimento humano[4]. Há imprevisto para Agamenão quando termina o tapete, "mas pode-se admitir que há graus na criação da surpresa e que, aquém de um certo efeito de choque, não se fala mais de peripécia, nem portanto, de ação complexa"[5].

Na definição de RECONHECIMENTO, Aristóteles também emprega METABOLĒ:

2. "[...] si le coup de théâtre, en tant qu'il caractérise la tragédie complexe, est particulièrement propre à susciter frayeur et pitié (cf. 52b 1 et Chap. 13, 52b 32), c'est qu'il joint L'EFFET DE SURPRISE à l'enchaînement nécessaire ou vraisemblable des actions" (Dupont-Roc e Lallot, 1980, p. 231, nota 1).
3. Eudoro de Souza, 1966, nota ao Cap. XI, 60, p. 128.
4. *Poética* (56a 19).
5. "[...] mais on peut admettre qu'il y a des degrés dans la mise en oeuvre de la surprise et qu'en deçà d'un certain effet de choc on ne parle plus de coup de théâtre, donc d'action complexe" (Dupont-Roc e Lallot, 1980, p. 303, nota 7).

O reconhecimento, como o nome indica, é a conversão da ignorância em conhecimento de uma relação de aliança ou de hostilidade entre as personagens delineadas para a felicidade ou para a infelicidade.

(52a 29)

Essa tradução reflete a interpretação de reconhecimento proposta por Dupont-Roc e Lallot. Segundo estes editores da *Poética*, a tomada de consciência subjetiva da situação pelo herói (o reconhecimento tem, em geral, como objeto a identidade da personagem) não nos deve levar a "insistir sobre os efeitos subjetivos e as modificações psicológicas das personagens"[6] que se operam com o reconhecimento. Dizem eles:

Menos do que a percepção subjetiva que o herói pode ter de sua ação ou de suas relações com o outro, o reconhecimento é a descoberta do fato, por ele antes ignorado, de que está ligado a uma outra personagem por uma relação objetiva, socialmente definida como positiva (PHILÍA) ou negativa (ÉKHTHRA): como Édipo que "reconhece a PHILÍA" que o une ao pai[7].

Entende-se, então, o reconhecimento como a conversão de um estado de ignorância para um estado de conhecimento de uma relação entre as personagens; tal relação pode ser de aliança (PHILÍA) ou de hostilidade (ÉKHTHRA).

Comumente, nas traduções dessa passagem da definição do reconhecimento, diz-se das personagens que são "destinadas para a felicidade ou para a infelicidade". Eudoro de Sousa, mesmo citando

6. "Insister sur les effets subjectifs et les modifications psychologiques des personnages" (Dupont-Roc e Lallot, 1980, p. 232, nota 2).

7. "Moins que l'appréhension subjective que le héros peut avoir de son action ou des ses relations à l'autre, la reconnaisance est la découverte du fait, ignoré de lui auparavant, qu'il est lié à tel autre personnage par une relation objective, socialement définie comme positive (PHILIA) ou négative (ÉKHTHRA): ainsi Oedipe qui 'reconnaît la PHILÍA' qui l'unit à son père" (Dupont-Roc e Lallot, 1980, pp. 232-233, nota 2).

a opinião contrária de Else[8], que não aceita traduzir o verbo HORIZEÎN por "destinar", mantém o "destinadas" em sua tradução. Hardy[9] também emprega *destinés* e Dupont-Roc e Lallot[10] tentam atenuar com *désignés*, comentando em nota "que não se trata de modo algum, neste caso, de um destino de ordem metafísica, mas do fim necessário ao qual conduz a sucessão dos fatos compostos pelo poeta"[11].

Ao traduzir por "delineadas" tenta-se recuperar a acèpção de "demarcar", "delimitar" de HORIZEÎN, seu primeiro significado e ao qual Else se refere. Evitam-se também as interpretações que fazem intervir, de modo impróprio muitas vezes, a noção de destino na tragédia grega.

É também na tragédia *Édipo Rei* que Aristóteles encontra o exemplo do mais belo reconhecimento, ou seja, quando este

junto com a peripécia acontece.

(52a 32)

Peripécia e reconhecimento são, então, admitidos como o melhor conjunto para que a tragédia atinja seu prazer próprio que provém da piedade e do terror[12], pois com a conjunção dessas partes a MUDANÇA de fortuna está assegurada pela ação e não por outros elementos estranhos a ela.

Parte do enredo e que poderia parecer estranha à ação é o PÁTHOS, O PATÉTICO. No entanto, o patético é definido como PRÂXIS:

---

8. Eudoro de Souza, 1966. Nota ao capítulo XI, 61, p. 129.
9. J. Hardy, 1969, p. 11.
10. Dupont-Roc e Lallot, 1980, p. 71.
11. "[...] qu'il n'est absolument pas question ici d'un destin d'ordre métaphysique, mais de la fin nécessaire à laquelle conduit la sucession des faits agencés par le poète" (p. 333, nota 2).
12. *Poética* (52a 36).

[...] uma ação que causa dano ou sofrimento, como as mortes em cena, as dores intensas, os ferimentos e tudo quanto a isso se assemelhe.

(52b 13)

Certamente, exemplificar com "mortes em cena", "dores", "ferimentos" admite "uma espécie de intromissão do espetáculo na história"[13] e, assim, que o espetáculo patético suscite terror e piedade.

Além de considerar o termo PRÂXIS da definição, é preciso confrontar essa passagem com o início do Capítulo 14 em que Aristóteles afirma a preeminência do "sistema de atos" sobre o espetáculo para suscitar terror e piedade, e encaminha sua reflexão para o que considera como os "atos patéticos" (PÁTHĒ) por excelência, isto é, aqueles que ocorrem na PHILÍA, e exemplifica:

um irmão que mata ou projeta matar o irmão,
ou um filho, o pai,
ou uma mãe, o filho
ou um filho, a mãe.

(53b 20)

Desse modo a excelência do patético depende muito mais de algo interno da ação do que de sua visão, mais de suas circunstâncias do que do fato de ser em cena. Piedade e terror têm origem nos atos, no envolvimento das personagens, em suas motivações e nas conseqüências destas e não no espetáculo dos atos. Nesses termos é que se pode entender o patético, ao lado de peripécia e reconhecimento, como parte do enredo, "a alma da tragédia".

Como a piedade e o terror devem provir, principalmente, da concatenação dos atos[14], a composição do enredo, sobretudo de suas

---

13. "[...] une sorte d'intrusion du spectacle dans l'histoire" (Dupont-Roc e Lallot, 1980, p. 234, nota 4).
14. *Poética* (53b 2).

partes, subordina-se também a normas para suscitar essas emoções, e, em conseqüência, pode-se dizer, para assinalar o trágico.

Para que o enredo comporte uma MUDANÇA de fortuna que desperte terror e piedade, Aristóteles adverte, na *Poética*:

• não se deve ver justos passarem da felicidade à desgraça, pois isto, em vez de terror e piedade, suscitaria repulsa[15];
• também não despertaria essas emoções, se maus passassem do infortúnio à felicidade ou, menos ainda, se alguém demasiadamente mau fosse precipitado da felicidade na desgraça[16];

e acrescenta:

• no caso do mau que da desgraça passasse à felicidade, ocorre a mudança mais estranha ao trágico[17];
• alguém demasiadamente mau precipitado na desgraça não suscita essas emoções, porque sente-se piedade por aquele que não mereceu o infortúnio e terror quando a infelicidade atinge um semelhante[18].

A mudança APROPRIADA ao enredo de tragédia, portanto, é da felicidade ao infortúnio, devida não à maldade do herói, mas a uma grande falta[19] por ele cometida[20]. Por isso, as mais belas tragédias são aquelas em que os heróis tiveram de suportar (PATHEÎN) ou de ser responsáveis por atos terríveis[21]. Este é o denominador comum das tragédias que os nomes citados por Aristóteles evocam: Alcmeão, Édipo, Orestes, Meleagro, Tiestes[22].

15. Cf. 52b 34.
16. Cf. 52b 36 e 53a 1.
17. Cf. 52b 37.
18. Cf. 53a 5.
19. Como explicam R. Dupont-Roc e J. Lallot, a falta é que é fundamental para uma mudança considerável, por isso ela deve ser grande (cf. p. 247, n. 5).
20. Cf. 53a 17.
21. Cf. 53a 22.
22. Cf. 53a 20.

Por causa dessa concepção da MUDANÇA, que convém à tragédia, Eurípides, embora, segundo o próprio Aristóteles, deixe a desejar quanto à concatenação dos atos, à economia de suas peças, às regras de verossimilhança, é considerado na *Poética* como o mais trágico dos poetas[23]. Aristóteles critica mesmo os que reprovam em Eurípides essa maneira de compor as mudanças e os finais infelizes de suas tragédias[24]. Para ele, a maneira de compor de Eurípides é que é a correta[25].

Como prova de que esse procedimento é o melhor, Aristóteles argumenta que são essas tragédias que, em cena e nos concursos, se bem-sucedidas, revelam-se as mais trágicas[26].

As passagens citadas acima, em torno do procedimento da MUDANÇA de fortuna no enredo, conduzem a duas considerações:

1. o trágico está condicionado ao despertar das emoções próprias da tragédia, ou seja, do terror e da piedade e, por conseguinte, do patético, principalmente nos finais catastróficos;
2. Aristóteles, apesar das restrições que faz ao espetáculo, reconhece o papel da encenação para avaliar o efeito trágico da peça; mais ainda, valoriza a recepção da representação da tragédia pelo público.

O termo trágico, além do emprego nas passagens acima mencionadas, aplica-se também ao efeito suspresa (THAUMASTÔN) que ocorre na MUDANÇA de fortuna, em qualquer tragédia, com ou sem peripécia[27].

Há uma passagem em que se explicita melhor sua ligação com o patético. Quando a personagem, consciente dos laços que a

---

23. Cf. 53a 25.
24. As peças remanescentes de Eurípides não permitem sustentar esta afirmação, mas Aristóteles devia conhecer um número bem mais expressivo de peças de final desditoso.
25. Cf. 53a 23.
26. Cf. 53a 27.
27. Cf. 56a 21.

As Partes do Enredo e o Trágico

unem à vítima, dispõe-se a agir e recua[28], suscita a repulsa e não ocorre o trágico, porque o ato foi APATHÊS, sem efeito patético[29]. Como diz G. Ronnet, "os gregos compuseram tragédias, não falaram do trágico"[30]. Nem Aristóteles se preocupou em discutir e conceituar propriamente o trágico. Apenas analisa procedimentos e situações que qualifica de trágicos[31]. Compare-se com a maneira de apresentar o PÁTHOS, sistematizado desde a definição até a exemplificação dos melhores atos patéticos[32]. Há uma sensível diferença entre as maneiras de abordar o trágico e o patético.

Conceituar o trágico, discutir conflitos que o geram, apreendê-lo em sua essência, vem preocupando muitas gerações de filósofos e críticos. Ainda se elaboram teorias que põem em relevo o papel de forças transcendentais e do destino na conceituação do trágico. Sempre – ou quase sempre – a tragédia *Édipo Rei* é considerada a mais apropriada para exemplificar e, até mesmo, para fornecer os elementos à elaboração de conceitos de trágico.

De fato, a maneira como Sófocles dramatizou o mito de Édipo favorece uma reflexão sobre o trágico muito mais ampla do que a simples aplicação do termo a certas situações ou atos, como faz Aristóteles[33].

E é em Sófocles, na *Antígona*, que se encontra uma apreciação do ser humano apropriada à introdução dessa reflexão.

O primeiro estásimo[34] da *Antígona* de Sófocles é um hino ao homem, por sua capacidade de dominar a criação e de recriá-la

---

28. Como no caso de Hemon contra Creonte, seu pai, na *Antígona* de Sófocles.
29. Cf. 53b 36.
30. G. Ronnet, *Les Grecs ont composé des tragédies, ils n'ont pas parlé du tragique.* 1963, p. 330.
31. Muitas vezes poderia qualificá-los de patéticos, sem prejuízo de sua concepção de páthos; não seria "trágico" uma maneira de qualificar o patético na tragédia?
32. Cf. neste capítulo à p. 34.
33. Considerando a aplicação do termo trágico na *Poética*, todas as tragédias gregas são trágicas; segundo certas concepções de trágico, nem todas.
34. Versos 332-375.

em seu próprio benefício. Por isso, se "muitos são os prodígios, nenhum, porém, maior do que o homem" cantam os dois primeiros versos. Esse hino à grandeza do ser humano não deixa, no entanto, de advertir sobre suas limitações. Por mais sutil que seja o engenho de sua arte, o homem, por não enxergar para além do visível, ignora se sua ação culmina em bem ou em mal. Por isso deve se submeter ao sagrado, espaço da onisciência.

Essa submissão, no entanto, não o faz um títere dos deuses, como uma certa interpretação de MOÎRA poderia fazer crer. Como se traduz MOÎRA, habitualmente, por destino, é comum julgar-se o homem sujeito à fatalidade: nunca tomaria livremente um rumo, mas sempre seria impelido a trilhar um caminho, a agir sem o concurso de sua vontade.

MOÎRA significa parte. A cada ser, como a cada componente do universo, está "destinada" uma MOÎRA, uma parte. À terra, por exemplo, cabe executar os movimentos de translação e de rotação. Os deuses são imortais e os homens, mortais. Nem os deuses podem se furtar à imortalidade, nem os homens, à condição mortal.

Acresce que os deuses imortais e, em certos casos, aqueles que estão em sintonia direta com o sagrado – como Tirésias – têm o conhecimento real de tudo, enquanto o homem tem uma ciência limitada à experiência de seus sentidos e de seu intelecto.

Mortalidade, ciência limitada estão entre as condições da natureza humana: constituem a MOÎRA do homem. Por mais lúcido e forte que seja, homem algum consegue eximir-se da sujeição a essa MOÎRA, nem mesmo quando encarne toda a lucidez e toda a fortaleza de um homem como o herói de *Édipo Rei* de Sófocles.

Essa tragédia inicia-se com o herói sendo invocado como rei/salvador. Édipo, tendo derrotado a Esfinge, ao dar uma resposta a seu enigma, credenciara-se a ocupar o trono de Tebas. Salvação da cidade, de seu povo, é a garantia da realeza. Esta concepção une, na primeira cena da peça, diante do palácio, junto dos altares, crianças, sacerdote e Édipo. Determina-se o bem desejado e quem o deseja: Édipo e todo o povo desejam a salvação da cidade. Édipo encarna, desde esse momento, a força que se orienta para o bem desejado[35]; explicita-se nessa orientação o tema da salvação. Desde esse momento também, torna-se conhecida a mensagem de Apolo sobre a causa da peste: a presença do assassino de Laio na cidade. As investigações, na ocasião do assassínio do rei, haviam sido prejudicadas, por terem as exigências da Esfinge absorvido as atenções. Agora para salvar a cidade é preciso retomar as investigações. Nestas, logo, se empenha Édipo. A ciência, que lhe permitira derrotar a Esfinge, no entanto, não o faz compreender Tirésias. Enreda-se em suspeitas contra o adivinho e contra Creonte, supondo-os cúmplices que tentam, com vãs acusações, desestabilizá-lo, destroná-lo. Jocasta, tentando apaziguar os ânimos e tranquilizar Édipo quanto às ameaças de vozes proféticas, conta-lhe como estas falharam em relação à morte de Laio. Este, diz ela, não morreu, como previsto pelo oráculo, pelas mãos do filho, mas pela ação de salteadores, numa BIFURCAÇÃO DA ESTRADA. Édipo perturba-se: a bifurcação na estrada e as características de Laio levam-no a suspeitar que as acusações de Tirésias possam ser verdadeiras: seria ele o assassino de Laio e, consequentemente, o culpado da peste. Expondo sua apreensão a Jocasta, conta-lhe por que deixara Corinto, e, como, numa bifurcação da estrada, matara um velho como o descrito pela rainha. Essas coincidências fazem-no exigir a presença do pastor de Laio que testemunhara o assassínio. Quando este pastor entra em cena, no entanto, vai prevalecer uma outra questão. A ação se bifurca em duas buscas e a segunda supera a primeira. Isto ocorre porque, quando o pastor da casa de Laio chega, encontra em cena o pastor de Corinto que viera anunciar a morte de Pólibo. Sendo esclarecido, nesse mesmo

---

35. Sobre a terminologia cf. E. Souriau, 1993, pp. 44 e ss.

momento, pelo pastor de Corinto, de que não é filho de Mérope e Pólibo, Édipo volta a sua primeira busca, aquela que o levara a consultar o oráculo de Delfos: a busca de sua filiação. Na mesma cena, por força do que o pastor de Laio revela, os caminhos voltam a se encontrar. As buscas convergem para uma mesma pessoa: Édipo é filho de Laio e de Jocasta e o assassino do rei de Tebas. Prodígio! Salvação e MÍASMA! Édipo teve a lucidez para interpretar o enigma da Esfinge. Tornou-se a salvação da cidade. No entanto, no caminho que percorreu de Corinto a Tebas, Édipo não encontrou apenas a Esfinge. Deparou-se também com uma bifurcação na estrada. Sua lucidez, então, não lhe revelou quem era aquele velho que, nessa bifurcação, tentou arredá-lo à força, do caminho. Não sabia Édipo que, ao reagir com um golpe de bastão, matara seu pai, o rei de Tebas.

Como não tivera lucidez para interpretar o oráculo de Delfos, ao consultá-lo sobre sua filiação, interpretou como enigmáticos demais todos os indícios da fala de Tirésias. Aquele que decifra enigmas com sua inteligência, sem precisar recorrer a sortilégios, não percebeu que Tirésias lhe interpretava o presente e predizia-lhe o futuro. Édipo resistiu contra todas as evidências.

Édipo é o homem que supõe saber, mas não sabe. Seu conhecimento é enganoso. Tirésias, que para Édipo parece não saber, é quem sabe. É Tirésias, o adivinho a serviço de Lóxias, como ele mesmo se qualifica, quem tem o conhecimento secreto, misterioso. O conhecimento real, atributo dos deuses, pela palavra de Tirésias, revela que o uno e o múltiplo se identificam em Édipo[36]. Quando Jocasta, relatando a morte de Laio, repete a versão que ouvira, segundo a qual, salteadores o haviam assassinado, Édipo espera que a confirmação do plural pela testemunha do assassínio o liberte da suspeita que a palavra encruzilhada suscitara em seu espírito.

---

36. Esta análise deve muito a reflexões de Élcio Fernandes, professor de Teoria Literária, poeta e amigo.

Assim expressa sua esperança:

Se, de fato, ainda
disser o mesmo número, não fui eu que o matei,
pois não seria um igual a muitos.
(vv. 843-845)

O conhecimento real revela que o filho da Ventura (v. 1080) é também um desgraçado (v. 1181):

rei/salvador e miasma.
filho e esposo.
irmão e pai.
Só lhe resta gemer:
nascido de quem não devia, com quem
não devia convivendo, a quem não devia tendo matado
(vv. 1184-1189)

no fim do dia que, como dissera Tirésias, haveria de gerá-lo e destruí-lo (v. 438)[37].

O salvador a quem suplicavam, no início da peça, é um miasma/suplicante que não tem nem mesmo o direito de ser sancionado segundo o edito que proclamara enquanto rei.

Édipo, fugindo de Corinto, tomou uma estrada que acabava numa bifurcação, onde, para ir em frente, É PRECISO ESCOLHER. Optou por um dos caminhos. A opção levou-o a Tebas, onde cumpriu o que o oráculo revelara.

Na bifurcação, Édipo é o herói FORÇADO A ESCOLHER, mas com a LIBERDADE DA ESCOLHA.

A tragédia *Édipo Rei* oferece-nos os indícios da essência do trágico:

37. O reconhecimento foi concomitante à peripécia. Cf. neste mesmo capítulo, p. 33.

- é forçoso escolher uma das opções que se apresentam;
- tem-se liberdade de eleger uma das opções;
- age-se à luz da ciência humana para optar;
- ignora-se se a escolha encaminha para o bem ou para o mal.

Em suma, obrigatoriedade de escolher, com toda liberdade, sem saber se a escolha acarreta conflitos que suscitam terror e piedade ou situações de conciliação.

Um prodígio, Édipo!
Um prodígio, o homem!
Sempre diante de uma bifurcação. Sempre SUJEITO a fazer uma opção. Por isso mesmo, sempre senhor de seu destino, como bem o exprime G. Ronnet[38], mesmo que não saiba se a opção leva ao bem ou ao mal de si mesmo e de sua família, de seu meio e de sua terra.

Sempre senhor de seu destino porque sempre com liberdade – "liberdade grandiosa que lhe permite afirmar quem é"[39].

Sófocles, no primeiro estásimo de *Antígona*, elenca os prodígios do engenho humano. Aos que o dramaturgo menciona, pode-se acrescentar a composição de *Édipo Rei: Prodígio* de tragédia que põe em cena o trágico!

---

38. 1963, p. 331.
39. "Liberté grandiose qui lui permet d'affirmer ce qu'il est" (G. Ronnet, 1963, p. 330).

3
POESIA TEATRAL

> *É preciso compor os enredos
> ... colocando-os o mais possível diante dos olhos.*

A dimensão visual do discurso teatral (expressão corporal, aparência do ator, cenário, acessórios) torna imprescindível que, também ao LER uma peça, a coloquemos DIANTE DOS OLHOS, quando se quer apreender seu espetáculo.

Pode parecer estranho querer apreender o espetáculo quando, diante dos olhos, tem-se do discurso teatral apenas a dimensão verbal. Muito estranho, sobretudo, quando, concordando com Patrice Pavis, deve-se reconhecer que "a cena não é a transposição do texto"[1]. Se todo texto dramático, embora pareça um elemento estável e constante, reconstitui-se com a encenação, dificilmente, com sua leitura apenas, pode-se ver a cena. Não obstante, é possível concordar com Anne Ubersfeld, que se apóia, em sua obra *Lire le théâtre*, no pressuposto de que "há no próprio texto de teatro matrizes textuais de representatividade"[2].

---

1. "La scène n'est pas la transposition du texte" (P. Pavis, 1985, p. 173).
2. "Il existe a l'intérieur du texte de théâtre des matrices textuelles de représentativité" (Anne Ubersfeld, 1978, p. 20).

Tragédia Grega: O Mito em Cena

Conseqüentemente, a abordagem de um texto de teatro deve ser feita "segundo processos que são (relativamente) específicos e que mostram os núcleos de teatralidade no texto"[3]. Ler uma peça de teatro, ainda no dizer dessa autora, seria, então, "reconstituir com a imaginação as condições de enunciação"[4]. Assim, embora reconhecendo que só com a encenação se pode verdadeiramente estudar o espetáculo, é viável analisar seu papel, entendendo o texto teatral como "o lugar de inscrição da representação virtual"[5].

Tanto Anne Ubersfeld quanto Michael Issacharoff, em seu *Le spectacle du discours*, e outros estudam essa "representação virtual" nas didascálias, parte inexistente no teatro grego. Convém lembrar que as disdascálias que aparecem em traduções de tragédias e comédias gregas foram compostas pelos tradutores.

No teatro contemporâneo, as didascálias compõem, como afirma Roman Ingarden, o "texto secundário" com as indicações cênicas do autor, que desaparecem quando a obra é representada em cena[6].

A ausência do texto secundário no teatro grego seria, então, mais um obstáculo ao estudo do espetáculo na tragédia. Não se poderia ler a tragédia grega como teatro, mas apenas como um texto literário. Isso aconteceria se o espetáculo na tragédia grega, antes de ser cena, não fosse poesia.

De fato, as funções que Michael Issacharoff reconhece nas didascálias – nominativa, destinadora, melódica e locativa[7] – são instauradas, na tragédia, pelos diálogos. São estes que respondem às quatro questões fundamentais: quem fala? a quem? como? onde? Igualmente, nos diálogos, é que se explicita a função cenográfica,

---

3. "Selon des procédures qui sont (relativement) spécifiques et mettent en lumière les noyaux de théâtralité dans le texte" (Ubersfeld, 1978, p. 20).
4. "Reconstituer imaginairement les conditions d'énonciation" (*Idem*, p. 249).
5. "E lieu d'inscription de la représentation virtuelle" (*Idem*, p. 10).
6. Roman Ingarden, 1977, p. 3.
7. Michael Issacharoff, 1985, pp. 34-40.

aquela que engloba a interpretação do ator com gestos, mímica, movimentos, e tudo que envolve a aparência física: indumentária, maquilagem, penteado.

Na tragédia grega, o texto pronunciado pelo ator e pelo coro – diálogos e cantos – contém vários sistemas de signos da representação: expressão facial, gesto, marcação, penteado, indumentária, acessórios, cenários, tom, som, além da própria palavra[8].

Observe-se esta cena da trágedia *Orestes* de Eurípides:

Electra:
Colocai-vos aqui no caminho dos carros
e vós nesta outra entrada, como guarda da casa.

(vv. 1251-1252)

....

1. Semicoro:
Em marcha, apressemo-nos. Este é o caminho
que vigiarei, na direção do nascer do sol
2. Semicoro:
E eu este, o que conduz ao pôr-do-sol.
Electra:
De esguelha, então, de um lado e de outro dirige tuas
pupilas

(vv. 1258-1261)

....

Corifeu:
De lá até aqui, depois no sentido contrário,
as conduzo, como, aos brados, pedes.
Electra:
Volteai, então, o olhar, os olhos lançai,
através dos cabelos, por todo lado.

---

8. Empregamos a terminologia de Kowzan, 1977, p. 77.

Corifeu:
   Há alguém no caminho? Atenção! Quem é esse
   rondando teu palácio? Um lavrador?
Electra:
   Estamos perdidas, então, amigas...
                                                (vv. 1264-1271)
....
Corifeu:
   Não temas: vazia, amiga,
   permanece a estrada...
Electra:
   O que há? Esse teu lado ainda me é seguro?
   dá-me uma boa notícia,
   se está deserto diante do palácio.
1. Semicoro:
   Tudo bem aqui. Mas teu lado espreita,
   porque de nós nenhum Dânao se aproxima.
2. Semicoro:
   Estás como nós, pois aqui também não há ninguém.
Electra:
   Vamos, então, às portas que eu aplique meu ouvido.
                                                (vv. 1273-1281)
....
Electra:
   Vigiai, então, mais. Sem vos acomodar,
   mas umas por aqui, outras por ali fazei a ronda.
Corifeu:
   Percorro o caminho vigiando de todo lado
                                                (vv. 1291-1293)
....
Corifeu:
   Silêncio! Silêncio! Ouvi um ruído
   que se precipita no caminho ao redor da casa.

Electra:
Caras amigas, em pleno crime,
eis que Hermíone chega...

(vv. 1311-1314)

Esse diálogo que Electra mantém com o coro, enquanto vigiam os arredores do palácio para evitar que alguém possa impedir Orestes e Pílades de assassinarem Helena, torna visual a marcação: verso a verso vêem-se os deslocamentos do coro e de Electra e suas posições no espaço cênico.

Nessa mesma peça, pelo modo como Electra, as outras personagens e o coro se referem a Orestes, VEMOS a sua maquilagem, seu penteado: as secreções coaguladas nos olhos, nos cantos dos lábios, os cabelos em desalinho que lhe tapam a visão. Sabemos que o ator estava de máscara, de modo que, quando foi encenada no V século a.c., apenas a palavra devia ter a força para fazer o espectador ver esses sinais. O mesmo pode-se afirmar da passagem em que Electra, também nessa peça, num momento em que desespera da salvação, diz estar, com as próprias unhas, fazendo seu rosto sangrar.

Que Electra aparece andrajosa, na peça de Eurípides do mesmo nome, que há um tapete diante do palácio, em *Agamenão* de Ésquilo, podemos deduzir pelo diálogo, como é este, também, que nos indica o lugar geográfico – se é Tebas ou Argos, Trezena ou Colono – ou o lugar social – se é diante de um palácio ou no campo, num deserto ou num acampamento militar.

Encontramos, também, indicações de efeitos sonoros e de tom. Em *Édipo em Colono*, por exemplo, as personagens se referem a cantos de rouxinóis e a trovoadas. Em todas as peças, em várias passagens, o texto nos diz que uma palavra é pronunciada em tom de cólera, outra de alegria, outra num lamento, com soluços.

Na experiência teatral grega, portanto, a palavra constitui-se em rico sistema de signos. Pode-se dizer que é a "ditadura da pa-

Tragédia Grega: O Mito em Cena

lavra" contra a qual se insurge Artaud em *Le théâtre et son double*, para quem o teatro deve ter uma "linguagem física e concreta", expressão de tudo que se manifesta em cena materialmente, e que, por isso, se dirige primeiro aos sentidos e não ao espírito como a linguagem da palavra[9].

Observe-se a fala final de Prometeu, em *Prometeu Acorrentado* de Ésquilo:

> Eis que com fatos, NÃO MAIS COM PALAVRAS,
> a terra é sacudida,
> a voz subterrânea do trovão, em torno,
> ruge, os ziguezagues do relâmpago
> brilham em chamas, um turbilhão remoinha
> a poeira, lançam-se os sopros
> dos ventos todos, uns contra os outros:
> a guerra de lufadas contrárias está declarada,
> confunde-se o céu com o mar.
> Eis que contra mim uma rajada, por vontade de Zeus,
> para amedrontar, avança SOB A VISTA de todos.
>
> (vv. 1080-1091)

NÃO MAIS COM PALAVRAS, diz Prometeu (realce nosso). Não mais com as palavras de Hermes, que transmitiam as ameaças de Zeus. Agora os fatos, SOB A VISTA de todos. Sob a VISTA da imaginação de todos os espectadores do século V a.C., como dos leitores de hoje. As palavras acionam a capacidade do pensamento de criar as imagens da catástrofe. Atingem primeiro o espírito, fazendo exatamente o percurso contrário do proposto por Artaud para o espetáculo.

Assim, contrariando Aristóteles, o espetáculo, na tragédia grega, tem estreita relação com a poética, uma vez que é justamente a poesia que o instaura.

9. A. Artaud, 1964, p. 107.

Na *Poética*, quando Aristóteles explica as partes constitutivas da tragédia, embora reconheça o espetáculo como aquela que mais emociona, que mais seduz o espírito (PSYKHAGŌGIKÓN), considera-a "a mais estranha à arte e a menos própria da poética"[10]. Essa opinião, que faz do espetáculo uma atribuição do fabricante de acessórios, e não do poeta, compreende-se no contexto da defesa que Aristóteles faz da tragédia como gênero superior à epopéia.

Constata-se, na parte final da *Poética*, que se considerava a epopéia uma criação mais elevada que a tragédia, pois os ouvintes da primeira seriam superiores aos espectadores do teatro, por não necessitarem, para apreciar a poesia, da expressão corporal de quem a recita[11]. Aristóteles, embora observe que não se pode condenar a expressão corporal em si, mas apenas a dos maus atores, conclui com o argumento de que a tragédia pode, como a epopéia, atingir sua finalidade sem KINÉSEŌS, sem "movimento", isto é, sem recorrer ao sistema de signos cinéticos. A tragédia pode ser também apenas lida, sem expressão corporal, dispensando, portanto, com mais razão, cenário e acessórios[12].

Essas considerações são, seguramente, as que norteiam Aristóteles em sua concepção do papel do espetáculo e do enredo em relação ao prazer próprio da tragédia.

Para Aristóteles, é do enredo (MŶTHOS), "alma da tragédia", seu "princípio" e sua "finalidade"[13], que os bons poetas farão nascer o terror e a piedade[14] que suscitam o prazer próprio da tragédia. E de tal modo deve o poeta compor o enredo, que "mesmo sem ver, quem ouve os fatos trema e se apiade com os acontecimentos"[15].

10. *Poética* (50b 17).
11. *Idem* (62a).
12. *Idem, ibidem.*
13. *Idem* (50a 22, 38).
14. *Idem* (53b). Cf. capítulo 2 deste trabalho, pp. 29 e ss.
15. *Idem* (53b 3).

Parece que Aristóteles teme que, se o poeta fizer nascer o terror e a piedade do espetáculo empregando apenas meios materiais e não poéticos, haja o risco de se provocar o horror[16] e, então, se prejudique o prazer próprio da tragédia. Esse receio não impede que Aristóteles reconheça que há uma dimensão visual que se manifesta não apenas em cena, mas também na leitura[17]. Essa dimensão visual existe justamente porque o poeta compôs o enredo colocando tudo "diante dos olhos"[18]. Isso significa que o espetáculo não era preocupação apenas do fabricante de acessórios. Foi também uma atribuição do poeta. Enquanto lemos uma tragédia estamos lendo enredo e espetáculo. A poesia instaura um e outro.

16. *Idem* (53b, 1, 7, 8).
17. *Idem* (62a 17).
18. *Idem* (55a 22).

4
A VINGANÇA EM CENA

*O poeta deve, de preferência
poetar enredos.*

As três tragédias gregas consagradas à vingança dos filhos de Agamenão – *As Coéforas* de Ésquilo, *Electra* de Sófocles e *Electra* de Eurípides – retomam dados da tradição mítica transmitidos pela poesia épica e lírica. Com esses dados que informam o objeto modelo, o enredo – MŶTHOS – das três peças é tecido pelos mesmos atos: a volta de Orestes a Argos e sua oferenda ao pai morto; encontro de Orestes e Electra; assassínio de Clitemnestra e Egisto. Esses atos, seu sistema e seu espetáculo foram trabalhados pelos poetas trágicos de modo diferente. Variam o lugar social, o ardil e a consumação do assassínio de uma peça para outra, como varia a composição do reconhecimento, que merece particular atenção.

O reconhecimento distingue-se pelos sinais, pelas reflexões, pelas reações e pela encenação. No entanto, nas três peças, esse ato, com a cena que a ele se segue, tem uma marca comum: é o momento em que, revelando-se irmãos, Orestes e Electra revelam-se. Quando Electra e Orestes revelam-se um ao outro, revelam também seus caracteres, estabelecem seus papéis no ardil e no assassínio, esclarecem o que querem. Os indícios que contribuem para que se reconheçam concorrem, apesar das diferenças, para um mesmo fim: conhecer o que buscam. Constitui-se assim o reconhecimento, associado à cena subseqüente, como o ato fundamental, nos três poetas, para que se saiba como são e o que buscam os heróis com a vingança.

Nas três tragédias, o reconhecimento é precedido pelo encontro das oferendas que Orestes depositara no túmulo de Agamenão. Em Ésquilo é a própria Electra que as encontra; em Sófocles, é Crisótemis e, em Eurípides, o Velho que criara Agamenão e salvara Orestes. Nos três casos, importa analisar a reação de Electra.

Nas *Coéforas*, Electra, depois de oferecer as libações enviadas por Clitemnestra, vê um cacho de cabelos; tomando-o, compara-o com os seus. Refletindo sobre de quem possa ser o cacho, ela se sente "acariciada pela esperança" (v. 194) de que seja de Orestes. Considerando que os deuses, que acabara de invocar com o coro, conhecem a situação e podem salvá-la, é que percebe marcas de pés, examina-as colocando seus pés sobre elas e conclui que podem ser de Orestes. Sua esperança se apóia na confiança nos deuses, ou, como diz Rachel Aélion,

[...] esses indícios são examinados na atmosfera religiosa que envolve a cena toda; o cacho de cabelos aparece aos olhos de Electra como uma resposta dos deuses, como uma resposta de seu pai à prece que ela acaba de fazer; é seu fervor religioso que dá sentido à descoberta[1].

Após a prece que acabara de fazer, ela espera o vingador. O primeiro acessório, o cacho de cabelos, suscita, na esperança, um pressentimento que trabalha o segundo acessório. O reconheci-

---

1. "[...] ces indices sont examinés dans l'atmosphère religieuse qui enveloppe toute la scène; la boucle de cheveux apparaît aux yeux d'Electre comme une réponse des dieux, comme une réponse de son père à la prière qu'elle vient de faire, c'est sa ferveur religieuse qui donne de la valeur à sa découverte" (Rachel Aélion, 1983, tome I, p. 116).

mento parte do íntimo. A interioridade – esperança, pressentimento – conduz o drama para a cena, como afirma Karl Reinhardt, ao analisar *As Coéforas*: "A interioridade, em Ésquilo, em vez de afastar o drama da cena, a ele o conduz de fato"[2]. Não cabe analisar essa cena com critérios fundamentados em noções de verossimilhança, pois o que importa é que esses acessórios, cacho, traço de pés, trabalhados religiosamente no íntimo de Electra, constituem-se nos sinais de identificação interior dos irmãos. Eles são da PHILÍA[3] de Agamenão, por quem se encontram e se unem num mesmo culto. O reconhecimento, revelando-os irmãos, manifesta também a identidade dos mundos de Orestes e de Electra. Revela-os irmanados na afeição e na piedade filial que os habilita a um ato reparador da PHILÍA. A encenação do reconhecimento é a visualização dessa identidade: seus cabelos iguais, seus passos acertados. E, como a reparação da PHILÍA cabe ao homem, é às pegadas de Orestes que se ajustam os passos de Electra.

Em Sófocles, a oferenda é encontrada por Crisótemis, que havia sido incumbida por Clitemnestra de oferecer as libações no túmulo de Agamenão. Quando Crisótemis volta, convicta de que a oferenda só pode ser do irmão, Electra já recebera a notícia da "morte" de Orestes. No encontro entre Orestes e Electra, que termina com o reconhecimento e as conseqüentes manifestações de alegria, não há nenhuma referência às libações, nem à oferenda do cacho de cabelos. Orestes recorre a um único acessório para comprovar que é filho de Agamenão: o "sinete" (v. 1223). Revela-se a Electra um irmão que conservou as insígnias de Agamenão, as insígnias da realeza.

No diálogo anterior ao reconhecimento e na expansão de alegria que se segue não há referência ao morto. Ao receber a urna com os supostos restos mortais de Orestes, Electra, com a expan-

---

2. "L'intériorité, chez Eschyle, loin d'écarter le drame de la scène, l'y conduit effectivement" (1972, p. 126).
3. Sobre PHILÍA cf. capítulo 2 deste trabalho, pp. 32 e ss.

são de seus sentimentos, revela como vive no palácio, submetida à condição de escrava, excluída, portanto, das honras da realeza. Orestes, que desconhecia todos os sofrimentos de Electra, ao descobri-los, reconhece-os como seus:

> Quanto eu ignorava de meus males!
> (v. 1185)

E assume-os como seus, ao dizer:

> Sou o único que sinto as dores de teus males.
> (v. 1202)

É a partir desse momento que ele começa a se revelar à irmã e a tornar suas também as razões de Electra. Por isso, pode Electra, após o reconhecimento, referir-se a sua desgraça como "nossa" (v. 1247). Ele, que vinha para purificar o palácio, tomar posse de seus bens, reerguer a casa, vingando a morte do pai, descobre ser aquele que pode também pôr fim às dores de Electra e protegê-la. Com razão, afirma Reinhardt que "em Sófocles, uma alma fechada em si mesma abre-se e aproxima-se de seu semelhante"[4]. E acrescenta:

> Com efeito, assim como Electra só pode revelar sob a pressão do engodo a profundidade de seu ser de irmã, também Orestes, extraindo seu crescimento do mesmo impulso, tem de perder seu ardor, sua alegria de vencer, para fazer uma experiência dolorosa, simpática, necessária para que a alma de um irmão se reacenda no contato com sua semelhante[5].

---

4. "Chez Sophocle une âme close sur elle-même s'entrouvre et se presse vers son semblable" (K. Reinhardt, 1971, p. 212).
5. "En effet, de même qu'Electre ne peut révéler que sous la pression de la tromperie la profondeur de son être de soeur, de même Oreste, tirant sa croissance de la même poussée, doit-il perdre son entrain, sa joie de vaincre, pour faire une expérience douloureuse, sympathique, nécessaire pour que l'âme d'un frère se rallume aussi au contact de sa semblable" (*idem*, p. 213).

Ao recuperar o palácio, Orestes vingará a exclusão das honras a que esteve condenada Electra. Por isso, poderá dizer à irmã, após matar Clitemnestra:

Não temas que a arrogância de uma mãe te desonre jamais.

(vv. 1426-27)

Se em Ésquilo o reconhecimento revela a identificação dos irmãos, em Sófocles ele realiza o encontro dos mundos de Electra e de Orestes.

Eurípides mantém os três sinais esquilianos: o cacho de cabelos, os traços dos pés e o tecido trabalhado por Electra, que são apresentados pela palavra do Velho. Este não diz explicitamente que viu as pegadas, visto que não retruca quando Electra lhe adverte que, em terreno pedregoso, não é possível deixar marcas. Quanto ao tecido, serve apenas para estabelecer uma hipótese: Electra poderia reconhecê-lo, já que era trabalho de suas mãos. Diante do cacho de cabelos, é significativo que seja o Velho quem reaja como a Electra de Ésquilo. O Velho é aquele que não se afastou do mundo heróico. Ele, que criara Agamenão, é quem pode ainda fazer uma reflexão ou deixar-se guiar por uma intuição fundamentada em valores da PHILÍA. Valores capazes de fazer crer que, tendo o sangue do mesmo pai, os filhos possam se identificar. É por esse motivo que os argumentos de Electra, baseados no bom senso humano, não o demovem. Ele faz questão de ver os estrangeiros, e num deles, observando-o atentamente, descobre o sinal inquestionável: a cicatriz. Embora fosse a marca de uma queda que sofrera na propriedade do pai, correndo com Electra, esta não havia nela reparado. Na conversa com o "estrangeiro", permanecera voltada para si própria, a encarecer, como faz em todas as outras cenas, a miséria de sua condição.

Pela crítica que Electra faz às suposições do Velho, vê-se que não são os valores da PHILÍA que a sensibilizariam a ponto de ajudá-la a perceber os indícios do reconhecimento. O primeiro argumento que opõe à hipótese do Velho expressa muito bem por que valor espera reconhecer o irmão. Antes de dizer que cabelos de irmãos não são necessariamente parecidos, considera insensata a suposição de que Orestes, por medo de Egisto, chegaria escondido a Argos. O Orestes que ela espera é intrépido. Não espera um Orestes que se oculte. Assim como não a comove a hipótese de que ele possa ter guardado a roupa tecida por suas mãos, mesmo que não pudesse mais vesti-la, também não espera alguém com quem se pareça por sinais reveladores da mesma paternidade, como a semelhança de cabelos, mas que seja temeroso. Espera alguém que se identifique com ela, não pela PHILÍA ou em função desta, mas pela coragem para enfrentar os que a humilham.

O reconhecimento vai revelá-los irmãos, mas não identificados. Ao contrário, revela-os distantes e não consegue integrá-los num mesmo mundo. A Electra de Eurípides nunca ajustaria seu passo às marcas dos passos de Orestes. Na execução da vingança, vê-se exatamente o inverso: é Orestes que se ajusta às determinações do Velho e de Electra, que planejam todo o ardil. E é Electra quem ordena ao Velho que guie o irmão, e, a Orestes, que ponha mãos à obra. Ao matar a mãe, Orestes precisa cobrir a cabeça, enquanto Electra, que fez questão de preparar a morte de Clitemnestra, empurra a espada.

Em Ésquilo, Electra pressente que as oferendas são de Orestes, porque esperava por ele; em Sófocles, não compartilha do pressentimento de Crisótemis, porque não espera mais; em Eurípides, não pode compartilhar do pressentimento do preceptor, porque não espera um Orestes que, por medo, se oculte.

Em Ésquilo, o reconhecimento, até pela encenação, revela-os irmãos que se identificam: Electra se ajusta aos passos de Orestes. Em Sófocles, é a ocasião para que Orestes descubra o mundo de Electra e como a ele se conformar. Em Eurípides, o encontro reve-

A Vingança em Cena

la-os distantes: aos passos de um Orestes temeroso, Electra jamais ajustaria seus passos. Só vão se irmanar no remorso.

Nas *Coéforas*, após a alegria do encontro e a manifestação de confiança de Orestes em Apolo, cantam, alternadamente, o Coro, Electra e Orestes, compondo um KOMMÓS[6] de cento e sessenta versos. A cada estrofe e antístrofe, vai-se revelando o que fundamentalmente preocupa os irmãos e o coro: a memória do morto e, conseqüentemente, com sua ajuda e das entidades do mundo ctoniano em que habita, a reparação da injúria de que foi vítima. Sendo um treno, esse canto plangente repara a omissão de cerimônia do indigno funeral que lhe deram seus assassinos; seu papel, entretanto, não se restringe à homenagem. Cultuando Agamenão, as preces manifestam a crença na força que o morto pode readquirir com esse rito de canto e dança e, assim, revela a esperança de que ressurja como vingador, por intermédio dos vivos, mais precisamente de Orestes. O KOMMÓS concilia, assim, a virtude de reparação e o caráter ritual de preparação do herói. Culto ao morto e, como tal, primeiro momento da reparação da injúria – o que as preces vão revelando ser a preocupação primordial dos irmãos –, o KOMMÓS é, também, o rito que capacita Orestes para o segundo momento dessa reparação, tornando-o a serpente do sonho de Clitemnestra[7].

Clitemnestra sonhara que dera à luz uma serpente e que, ao aconchegá-la e alimentá-la como a uma criança, ao leite se misturava sangue de seu seio ferido pelo animal. Os temores que o sonho provocara em Clitemnestra fizeram-na enviar as libações ao túmulo de Agamenão. A serpente é o morto agindo, que ela tenta apaziguar com as oferendas. Orestes, após o KOMMÓS, interpreta que essa serpente, nascida do mesmo ventre que o gerou, amamentada pelos mesmos seios que o alimentaram, é ele próprio. É

---

6. Canto de coro e canto de cena, isto é, canto em que o coro dialoga com os atores. Cf. neste trabalho capítulo 1, p. 25.
7. Reinhardt, 1972, pp. 127, 134.

ele quem vai verter o sangue da mãe, ferindo-a mortalmente. Assim, tomando as palavras de Karl Reinhardt, "O parricídio, cumprimento do sonho, será a obra do morto, diretamente guiada pelos poderes das profundezas"[8]. A serpente é Orestes, a serpente é o morto, cujo túmulo ocupa o primeiro plano e o centro da cena. Seu palácio está ao fundo. Toda a ação se desenrola em torno do túmulo, deslocando-se quase no final para o palácio, para terminar às suas portas.

Diante do túmulo, com o palácio em segundo plano, Orestes suplica:

Pai morto de um modo não digno de um rei,
a mim que suplico concede o poder de tua casa.

(vv. 479-480)

Na invocação ao morto, para formular a súplica, Orestes refere-se em primeiro lugar à indignidade da morte do rei. É daí que lhe vêm a razão e o desejo de agir e não da ambição de recuperar o poder usurpado pelos assassinos.

No κομμός, quando Electra lembra de que modo Clitemnestra, com indignos funerais, sem lágrimas, sem luto dos cidadãos, sepultou Agamenão, Orestes proclama:

Essa injúria a meu pai ela pagará
graças aos deuses
graças a meu braço.

(vv. 435-437)

Orestes se dispõe a reparar a injúria da morte e do sepultamento, segundo as ordens de Apolo. É o que exigem também as Erínias, conforme canta o coro, advertindo aos irmãos que o

---

8. "Le parricide, accomplissement du songe, sera l'oeuvre du défunt, directement guidée par les puissances de la profondeur" (K. Reinhardt, 1972, p. 141).

A Vingança em Cena

sangue reclama sangue, o assassínio clama pela Erínia para que faça a ÁTĒ suceder à ÁTĒ[9] (vv. 400-404), ou seja, o sangue derramado do pai exige o sangue dos assassinos. Determinam as Erínias que Orestes puna Egisto e Clitemnestra pela morte de Agamenão. Ao cumprir o que querem os deuses e o morto, Orestes, como conseqüência, ascenderá ao poder, recuperando para si e para a irmã os privilégios de que estiveram excluídos, pois, apesar de ter ficado no palácio, Electra vivera também as condições do exílio.

Para se chegar ao palácio, passa-se pelo túmulo, é o que ação e espetáculo tornam evidente. Junto ao túmulo, os irmãos se reconhecem, entoam o treno, planejam o ardil. Do túmulo vem a força que encaminha Orestes para o palácio.

Em Sófocles, após o reconhecimento, há uma cena de expansão de alegria de Electra e Orestes, embora este, mais contido, toma, desde esse momento, as precauções necessárias à preparação do assassínio. Orestes, que já sabe que a mãe é indigna e que Egisto dilapida os bens, pede a Electra apenas informações práticas de acesso aos inimigos, recomendando-lhe que não deixe transparecer a alegria por sua volta até a hora em que triunfarem plenamente. Toda preparação é apenas estratégica, mesmo da parte do Preceptor, sem nenhum ritual, sendo que a única ligação com o sobrenatural limita-se a uma prece de Electra a Apolo, enquanto Orestes, Pílades e o Preceptor entram no palácio.

A relação de Orestes com o mundo dos mortos está em ser um "habitante do Hades" (v. 1342), apenas para os inimigos, como diz o Preceptor. Como parte do ardil, trata-se tão somente da aparência, sem nenhuma identificação com as forças ctonianas que nas *Coéforas* fazem com que não sejam metafóricas as palavras do escravo e de Clitemnestra a respeito de Orestes.

---

9. O termo ÁTĒ, no contexto em que está empregado, significa crime, falta, desgraça.

Que os mortos matam quem está vivo, digo.

(v. 886)

afirma o escravo, após a morte de Egisto;

Dei à luz e alimentei esta serpente

(v. 928)

conclui Clitemnestra, diante do filho que a ameaça.

Não se faz nenhuma referência ao sonho de Clitemnestra. A reflexão que Electra fizera a respeito dele, quando Crisótemis o contara, considerando que o próprio morto enviara a Clitemnestra as visões noturnas que a atemorizaram, não é retomada pelos irmãos. Em vez de considerações acerca de forças sobrenaturais que possam estar agindo em favor dos irmãos, tomam-se logo as medidas estratégicas para matar os que os excluem do palácio. É justamente o sentimento de exclusão do palácio que alimenta a cólera de Electra contra os usurpadores do poder. No AGÓN[10] com Crisótemis, fica claro que, enquanto esta, por ter-se submetido a Clitemnestra e a Egisto, vive com eles, Electra apenas mora no palácio. Electra tenta mostrar à irmã que a recuperação da dignidade de filhas de um rei depende da morte dos usurpadores do trono. É Crisótemis que avalia o plano da irmã como HAMARTÍA[11], porque nele vê o risco de um desastre de conseqüências mais funestas que a situação em que se acomodou. Electra contrapõe que HAMARTÍA é não ver que não vivem como filhas de Agamenão, que estão excluídas da realeza e de todos os seus valores, tais como riqueza e

10. Parte da tragédia em que as personagens debatem, se posicionando sobre a situação em que estão envolvidas, com discurso contra discurso e diálogos rápidos.
11. Falta, a falta trágica. Cf. principalmente vv. 1039-1040 e o comentário de S. Saïd, 1978, pp. 457 e ss.

prestígio, que o palácio em cena representa. O túmulo está fora de cena, somente acede à representação pela palavra. O palácio é o centro do espetáculo. É diante dele que se desenrola toda a ação. É ele que delimita o lugar social. O próprio sonho de Clitemnestra coloca o palácio em evidência: de seu EPHÉSTIOS[12] floresce o cetro que voltará a dominar Micenas. Agamenão não aparece como uma força ctoniana, à semelhança da serpente das *Coéforas*. Ele surge como um rei, como indica o cetro que planta no EPHÉSTIOS (v. 419). O cetro floresce apolineamente, pois dele nasce um loureiro, arbusto consagrado a Apolo. Nascer do cetro de Agamenão um loureiro que cobre Micenas é o presságio do surgimento daquele que vai assumir o poder no palácio, com a proteção de Apolo.

Como em Sófocles, na *Electra* de Eurípides passa-se também, imediatamente após o reconhecimento, à estratégia do assassínio. Precedem-na manifestações de alegria e confiança nos deuses, em apenas dez versos cantados pelo coro.

Preparado o plano, Orestes, antes de sair para o encontro com Egisto, começa uma prece que Electra e o Velho vão completando. Como diz Rachel Aélion, "em Ésquilo, a prece precede a exposição do plano: pode-se até dizer que é ela que suscita a ação; em Eurípides, a prece vem depois do plano estabelecido; a decisão de agir é, portanto, independente da prece"[13].

Mesmo o Velho, mais identificado com os valores antigos, não permite que se prolongue a emoção religiosa. Quando Orestes pergunta ao pai se ele o está ouvindo, o Velho lembra que é hora de partir. Electra, fazendo as últimas considerações, demonstra pensar que para cumprir o plano é de coragem que Orestes precisa, ao dizer-lhe:

12. O centro do lar, a lareira.
13. "Chez Eschyle, la prière précède l' exposé du plan: on peut même dire que c'est elle qui suscite l'action; chez Euripide, la prière suit l' établissement du plan; la décision d'agir est donc indépendante de la prière" (Rachel Aélion, 1983, tome I, p. 119).

Para tanto, um homem deves ser.

(v. 693)

O sentimento de piedade filial está muito atenuado neste momento, reiterando-se que são as lamentações sobre sua própria vida que Electra quer fazer chegar ao pai. Como diz André Rivier, pode-se considerar piedade filial, mas "esvaziada de seu conteúdo propriamente religioso, não sentindo mais a vingança como um ato reparador"[14].

A Electra de Eurípides vive completamente excluída do palácio, como expõe na "mensagem" a Orestes: mora no campo, pobremente, como mulher de um pequeno lavrador; tece suas roupas e vai buscar água para as necessidades da casa; não participa das festas sagradas, nem dos coros; não convive com as mulheres, por ser virgem, já que o marido, respeitando-lhe a origem, dela não se aproximou; teve que renunciar ao noiva-lo com Castor, que a teria elevado ao nível dos deuses; a mãe está com o poder e todos os bens; Egisto insulta os enteados, firmando-se com a ausência de Orestes. Todo rancor, todo ressentimento, todo ódio de Electra é gerado pela humilhação desse banimento que, no espetáculo, se materializa pela cabana no campo.

O cenário, com essa cabana no campo, é a visualização do rebaixamento, já que nos é apresentado do ponto de vista de Electra. Como diz André Rivier, "o que para um lavrador é vida simples, sadia, decente, constitui para a moça o pior rebaixamento. Não pobreza, mas insuportável miséria"[15]. A esse espaço não acede o sonho daquela que, com Egisto, matou Agamenão e detém o poder. É a própria Clitemnestra, em pessoa, que se apresenta, osten-

---

14. "Vidée de son contenu proprement religieux, ne sentant plus la vengeance comme un acte réparateur" (André Rivier, 1975, p. 121).
15. "Ce qui, pour un laboureur, est vie simple, saine, décente, constitue pour la jeune fille le pire abaissement. Non pas pauvreté, mais insupportable misère" (*idem*, 1975, p. 120).

tando riqueza com seu carro, roupas e escravas. Torna-se mais evidente, pelo contraste com a aparência de Electra, andrajosa, de cabelos sujos, o rebaixamento a que condenou a filha. O campo se torna espaço dramatúrgico do aviltamento que legitima o ódio de Electra.

O poeta trágico é aquele que, de preferência, poeta enredos, como quer Aristóteles[16], mas, certamente, de enredos entrosados com o espetáculo. Assim, com os dados de uma narrativa mítica – MŶTHOS PARADEDOMÉNOS –, concatenados de modo a compor um enredo – SÝNTHESIS TÔN PRAGMÁTŌN – combinados a recursos do espetáculo, entram em cena três mitos diferentes[17].

Onde o lugar social é ocupado pelo túmulo em primeiro plano com o palácio ao fundo, e os sinais do reconhecimento se enraízam na PHILÍA, compõe-se o mito da reparação da injúria feita ao morto: morte indigna, funerais ultrajantes.

Onde o lugar social nos mostra apenas o palácio, e o reconhecimento é garantido pelo sinete, compõe-se o mito da reparação da injúria da usurpação do poder.

Onde o lugar social é uma cabana, no campo, visto como espaço de miséria, encarecida pela aparência andrajosa da protagonista, e o sinal de reconhecimento é uma cicatriz, marca de uma queda, compõe-se o mito da reparação da injúria da humilhação.

---

16. *Poética* (1451b 27).
17. Cf. capítulo 1 deste trabalho, p. 20.

5
E APÓS A VINGANÇA... ORESTES

*Esta é uma das peças
que são famosas graças à cena.*

O enredo da tragédia *Orestes* de Eurípides parte de um dado do mito tradicional: Orestes matou a mãe. Esse dado, no entanto, é o único do OBJETO MODELO que permanece inalterado. Como diz Suzanne Saïd, "o assassínio, que em Ésquilo era uma mancha e um crime contra os deuses, é, antes de tudo, um delito e um ato ilegal no teatro de Eurípides"[1]. Sobre a presença das Erínias, convém refletir com Rachel Aélion quando esta afirma que temos "uma dupla concepção da loucura: de um lado, Orestes é vítima de agentes exteriores, as Erínias que o perseguem; de outro lado, ele é atormentado, no íntimo, pela consciência do crime que cometeu"[2]. Quanto a Apolo, ele não intervém em função do assédio das Erínias, sejam estas reais ou apenas criação da consciência. Move-

---

1. "Le meurtre, qui chez Eschyle était une souillure et un crime contre les dieux, constitue d'abord un délit et un acte illégal dans le théâtre d'Euripide" (Suzanne Saïd, 1978, pp. 416 e ss.).
2. "Une double conception de la folie: d'une part, Oreste est victime d'agents extérieurs, les Erinyes, qui le poursuivent; d'autre part, il est tourmenté, de l'intérieur, par la conscience du crime qu'il a commis" (Rachel Aélion, 1983, tome II, p. 249. Cf. pp. 246-250).

o um desígnio de Zeus em relação a Helena. Assim, as conseqüências do crime não se restringem ao âmbito religioso.

No sexto dia após os funerais de Clitemnestra, Orestes jaz em seu leito. Um mal o consome (v. 37). Segundo Electra, referindo-se às Erínias sem querer nomeá-las, é o sangue da mãe que provoca a MANÍA[3] que agita e prostra Orestes (vv. 36-38).

O estado de Orestes, assediado pelas Erínias, cena inicial do drama, não vai ser a situação propulsora da ação. Esta não tem como objeto a liberação de Orestes do cerco das Erínias. Livrar-se Orestes das Erínias, purificar-se, depende de superar, romper um cerco mais visível, mais concreto: o cerco da cidade. Se, de um lado, Eurípides interessou-se pelos efeitos do matricídio como falta – religiosa ou moral –, tornou mais relevante, por outro lado, as reações do grupo social. Se o mal que acomete Orestes deriva da falta, logo de início fica evidente que "à ameaça interior acresce imediatamente o perigo exterior"[4].

Desde o assassínio de Clitemnestra, a ninguém é permitido, por decreto, em Argos, acolher Orestes e Electra (vv. 46 ss.). Orestes não pode, então, nem purificar suas mãos (vv. 429-430). Todas as portas estão fechadas e as sentinelas a postos (v. 430 e v. 760).

No dia em que começa a peça, será decidido, em assembléia do povo, se os irmãos devem ou não morrer lapidados (vv. 48 ss.).

Uma esperança temos de não morrer.

(v. 51)

Esse verso, dito por Electra, após descrever o estado de Orestes e contar a situação em que ambos se encontram, expressa o sentimento que percorre toda a ação desta tragédia, enquanto revela o objeto desejado pelos irmãos.

3. LOUCURA, na acepção que lhe dá Rachel Aélion.
4. "A la menace intérieure s'ajoute aussitôt le péril extérieur" (Reinhardt, 1972, pp. 313-314).

E após a Vingança... Orestes

Há sempre uma esperança de os irmãos obterem a salvação que desejam. A cada ato frustrado para escapar da morte, cria-se uma circunstância que favorece nova tentativa para escaparem da condenação. Há sempre esperança nesse "amargo infortúnio ... com que tem de lutar pela própria vida"[5]. Desta citação suprimimos o termo "desespero", pois este, como queremos mostrar, não conseguiu se instalar no ânimo dos irmãos.

Quando Electra manifesta, pela primeira vez, que há uma esperança (v. 51), este sentimento repousa sobre a suposição de que Menelau, recém-chegado ao país, vai se dispor a intervir em favor dos irmãos. Por isso, enquanto fala, Electra fixa os olhos na estrada, à espreita da chegada de Menelau (v. 67). Dessa esperança também partilha Orestes (vv. 243-244).

Menelau chegara, de fato, como amigo, antes de saber do matricídio (vv. 371-72). Consegue, mesmo após tomar conhecimento deste, manter um diálogo amigável com Orestes (vv. 390 ss.), que também vai pronunciar a palavra esperança:

Em ti ponho minha esperança de fugir dos males.

(v. 448)

De modo algum, ao falar de "males", pensa Orestes nas Erínias. Como diz Rachel Aélion, Orestes "procura somente escapar ao ódio de Tíndaro e dos argivos, à lapidação, à morte"[6].

A esperança de escapar à morte por lapidação, no entanto, frustra-se pela primeira vez, porque Menelau curva-se à pressão de Tíndaro, pai de Clitemnestra e de Helena. Os argumentos do sogro, pelos interesses que representam, pesam mais para Menelau do que a amizade pelos filhos de seu próprio irmão e cerceiam sua já pouca disposição para defender os repudiados pela cidade.

---

5. Lesky, 1971, p. 217.
6. "Ne cherche qu'a échapper à la haine de Tyndare et des Argiens, à la lapidation, à la mort" (Rachel Aélion, 1983, p. 159).

Orestes mal tem tempo de se lamentar, de se dizer "sem esperança" (v. 722), após a saída de Menelau de cena, e Pílades chega, ciente de que os cidadãos, em assembléia, estão para deliberar sobre a sorte dos irmãos. Do diálogo entre os dois amigos surge a idéia de Orestes ir explicar ao povo as razões que o levaram a matar a mãe (vv. 774 ss.). Essa decisão configura-se como outro ato de "esperança" de salvação (v. 779).

Com sua intervenção na assembléia, Orestes apenas consegue a comutação da pena de lapidação por degolação pelas próprias mãos (v. 947).

No entanto, não por muito tempo, os irmãos e o amigo vão se deter na frustração. Logo, Pílades engendra um plano para arrastar também Menelau ao infortúnio: matar Helena (vv. 1029 ss.).

O plano de Pílade faz novamente Orestes pensar em "salvação inesperada" (v. 1173), enquanto Electra acena com um meio de obtê-la (vv. 1177-78). A "esperança" volta ao diálogo (v 1186), quando Electra acrescenta ao plano de Pílades a proposta de fazer Hermíone refém (v. 1189). Isso forçaria Menelau a defendê-los perante a cidade.

Esse último ato movido pela esperança é também frustrado, mas desta vez com a intervenção de Apolo que traz, finalmente, a salvação esperada.

Pode-se perguntar se esse enredo, em que cada revés é atenuado por uma intervenção geradora de uma nova tentativa de obter salvação – frustra-se a esperança e ela renasce – é capaz de suscitar terror e piedade. Formula-se esta questão pensando que, segundo Aristóteles, o procedimento preferível, o mais digno do poeta, é fazer nascer do enredo – do sistema de atos – o prazer próprio da tragédia, ou seja, o prazer inerente ao terror e à piedade (1453b 1-12). Há, então, uma pergunta que precede à formulada: que atos suscitam terror e piedade? Conforme desenvolvemos no capítulo 2 deste trabalho, pode-se afirmar que a piedade e o terror dependem do patético, cuja melhor expressão está em atos de violência na PHILÍA. Pode-se, portanto, reformular a primeira questão: em que medida

E após a Vingança... Orestes

os atos que compõem o enredo de Orestes são patéticos – atos de violência na PHILÍA – e suscitam terror e piedade apesar da esperança que ressurge a cada frustração? O dado do qual parte a ação constitui, sem dúvida, um ato patético: o filho matou a mãe. No primeiro ato, em que a esperança se frustra, o tio, Menelau, e o avô, Tíndaro, colaboram no sentido da condenação dos sobrinhos e netos – um, por omissão, o outro, por instigação. No segundo ato, na assembléia, concretizam-se a ação de Tíndaro e a omissão de Menelau que, no primeiro ato, estão ainda no âmbito da retórica. No terceiro ato, o plano inclui matar a tia, Helena, fazer a prima Hermíone refém e, se preciso, executá-la, também, e, assim, punir o tio, Menelau. Além de por si próprios esses atos serem patéticos – violência na PHILÍA –, há as expansões de dor, de desolação e revolta, que os acompanham.

A deplorável situação inicial dos irmãos é a conseqüência do primeiro ato patético: o matricídio. Como bem sintetiza Fernand Chapoutier, têm-se, de início, "os efeitos do ato sobre a consciência do criminoso"[7]. O próprio Orestes revela-o, no diálogo com Menelau, quando, num lamento, refere-se às visões:

> Minha consciência. Percebo o horror de meu terrível ato.
>
> (v. 396)

Quando Menelau, depois de ter-se deixado influenciar por Tíndaro, se retira, Orestes deplora:

> Ai de mim, sou traído, não há mais esperanças.
>
> (v. 722)

Após a decisão da assembléia, há as cenas em que os irmãos mais expandem seu sofrimento. Primeiro Electra, num canto que

---

[7]. "Les effets de l'acte sur la conscience même du criminel" (Fernand Chapoutier, 1968, p. 11).

ela própria nomeia "ode de piedade" (v. 968). Segue-se um diálogo com Orestes, que tenta interromper a lamentação, num esforço para morrer com nobreza (v. 1060), mas que, pela antítese, apenas realça a dor, como bem expressa Karl Reinhardt: "O heroísmo aristocrático que não cessa de guiar a consciência de Orestes exprime-se numa cena longa e comovente, em que o moralista Eurípides se abandona à volúpia das lágrimas"[8]. Idéias e argumentação não interrompem o patético, como bem demonstra Jacqueline de Romilly, quando discute a possibilidade do patético mesmo nos AGÕNES[9], nos debates com Menelau e Tíndaro.

Não são, no entanto, os argumentos e as lamentações, mesmo quando contrapostos, que constituem a maior força para expressar a piedade e o terror que os atos de violência na PHILÍA suscitam. Desde a situação inicial, o terror e a piedade têm uma expressão plástica. A dor, a desolação, a angústia compõem um espetáculo, essa parte da tragédia – a ÓPSIS – que segundo Aristóteles, embora não devesse ser preocupação do poeta, é a mais sedutora[10].

São gestos, expressões faciais, aparência e outros signos que dão mais vida a todas as expansões de dor.

Veja-se o estado de Orestes descrito por Electra: quando ele dorme, mais parece um morto; há visíveis sinais de desalinho de um acamado sem forças para se cuidar; seus poucos movimentos, com a ajuda da irmã, denotam o mal-estar do extenuado: apenas se levanta, pede-lhe o corpo a cama, que também logo em seguida rejeita (vv. 34 ss.). Da prostração excessiva, como nota o coro (v. 210), com a sua aparência de um morto, no dizer de Menelau (vv. 385 ss.), somente consegue sair quando a visão das Erínias o atormenta, fazendo-o movimentar-se aos saltos (vv. 44-45; 253 ss.).

8. "L'héroïsme aristocratique qui ne cesse de guider la conscience d'Oreste va librement s'exprimer dans une scène longue et émouvante où le moraliste Euripide s'abandonne à la volupté des larmes" (Karl Reinhardt, 1972, pp. 319-320).
9. Jacqueline de Romilly, 1986, pp. 155-181.
10. Cf. *Poética*, 50b 17 e, neste trabalho, p. 26 e capítulo 3.

E após a Vingança... Orestes

Sob o domínio da alucinação, o diálogo com Electra, é acompanhado de expressão corporal: repele os braços de Electra, como se fossem das Erínias e contra estas retesa o arco de Apolo. A aparência de dor de Electra, após o assomo da mania, é mostrada por Orestes:

Minha irmã, por que choras, a cabeça oculta sob os peplos?

(v. 280)

Como diz Karl Reinhardt, comentando o prólogo, "Tudo, inclusive os coros, destina-se a suscitar a compaixão, a tristeza"[11]. De fato, o coro se associa à dor e, por orientação de Electra, caminha na ponta dos pés (v. 140), permanece longe do leito (v. 144), baixando o tom da voz (vv. 145-146). O coro colabora com gestos, na composição da atmosfera desta primeira parte da tragédia destinada a mostrar o estado de Orestes, com suas conseqüências sobre o ânimo de Electra.

Até o diálogo com Menelau, antes da entrada de Tíndaro, a tônica é o estado de miséria de Orestes. Depois, tanto a prostração, como a MANIA não se fazem mais sentir. De indícios de fraqueza só temos a necessidade de Orestes apoiar-se em Pílades para ir até a assembléia (v. 800). Com razão, para André Rivier, a luta pela vida torna-se "mais atraente pelo estado de miséria física e moral do herói principal"[12].

Após o relato do Mensageiro sobre o que se passou na Assembléia, Electra, quando entoa aquele canto que, como já se disse, ela chama de "ode de piedade", finca suas unhas nas faces até sangrar. Pode-se dizer que, como o ator usava máscara, este gesto não era

---

11. "Tout, y compris les choeurs, est destiné à susciter la compassion, la tristesse" (Karl Reinhardt, 1972, p. 312).
12. "Plus attachante par l'état de misère physique et morale du héros principal" (André Rivier, 1975, p. 125).

encenado. De qualquer modo é o apelo ao visual, mesmo que seja para o espectador criar a cena em sua imaginação.

Até o momento desse encontro dos irmãos, após a assembléia, há os atos em si patéticos, seguidos de expansões de dor que se exprimem também por signos, que, mesmo expressos pela palavra, pertencem ao espetáculo. Fazem supor que, na encenação, a dor se torna visível em expressões corporais, na aparência das personagens, na marcação. Da parte que começa com o plano contra Menelau até o fim, atos e espetáculo se entrosam. Quando Pílades vai expor o plano, há um verso dito por Orestes bem significativo para introduzir essa parte:

Querido amigo, que eu morra isso tendo visto.

(v. 1100)

De fato, a partir do momento em que começa a execução do plano de Pílades combinado com Electra, vêem-se atos que suscitam terror e piedade. O melhor, por isso, seria traduzir o verso acima com a inspiração de Louis Méridier[13]:

"*Puisse-je, cher ami, voir ce spectacle avant ma mort!*"
Possa eu, querido amigo, ver esse espetáculo antes de morrer!

Quando Orestes e Pílades entram no palácio para matar Helena, Electra reassume o papel do início da peça, quando estava à espreita da chegada de Menelau (v. 64) e reúne o coro num KOMMÓS, para vigiar. Estabelece-se um diálogo que torna visível uma marcação[14] inspirada num temor: Electra teme que alguém os surpreenda na execução do crime (v. 1255). Enquanto vigiam, ouvem-se os gritos de Helena (v. 1296) e Electra que incita ao crime (v. 1302). À chegada de Hermíone, para dissimular a tensão

---

13. Louis Méridier, 1968.
14. Cf. capítulo 3 deste trabalho, sobretudo pp. 45 e ss.

do momento, Electra recomenda ao coro que recomponha um semblante tranqüilo (vv. 1317-1318), enquanto ela própria, com um olhar sombrio (v. 1319), vai acolher a prima. Com o fingimento da expressão facial combina-se a dissimulação das palavras de Electra em um diálogo com Hermíone. Esta é induzida a entrar no palácio para interceder junto à mãe em favor dos irmãos. Segue-se a intervenção do escravo frígio que surge em cena, saltando do alto da casa. Desde sua maneira de expor o que se passara no interior do palácio até o diálogo com Orestes inclusive, palavras e gestos compõem um patético ridículo (vv. 1369-1536).

Cabe ao coro, a seguir, chamar atenção para o visível:

Vê diante da casa, vê o que essa fumaça
alçando-se ao céu anuncia.
Acendem tochas, para incendiar o palácio
de Tântalo.

(vv. 1541-1544)

As tochas acesas, Pílades e Orestes, e o gládio contra o pescoço de Hermíone, é o que Menelau vê no alto da casa, quando, tendo ouvido falar do que acontecia, acorreu para tentar salvar Helena e a filha (vv. 1574-1574). Esta é a cena do diálogo entre Orestes e Menelau, em que, com violência, um e outro tentam atingir seus objetivos. Nenhum cede e, quando Orestes ordena que Electra e Pílades incendeiem a casa e Menelau pede aos habitantes de Argos que acorram em armas, surge Apolo com Helena, entre a terra e o céu.

Para o céu, para que brilhe ao lado de Castor e Polux, Apolo leva Helena. Para os outros traz a conciliação na PHILÍA e na PÓLIS. Orestes vai se purificar, obter o perdão dos deuses e da cidade e casar-se com Hermíone, Pílades desposará Electra, Menelau deverá constituir outra família e deixar o poder de Argos para o sobrinho.

A paz se instaura num final apoteótico.

Com razão, Fernand Chapoutier, apoiando-se no comentário de Aristófanes, o Gramático, citado em epígrafe a este capítulo, comenta: "O drama tinha como vantagem principal produzir um grande espetáculo"[15].

Se a esperança pode atenuar a força dos atos de violência na PHILÍA, os signos do espetáculo nas descrições, nos lamentos, nos próprios atos suscitam terror e piedade.

---

15. "Le drame avait pour premier avantage de faire un grand spectacle" (Fernand Chapoutier, 1968, p. 23).

CONCLUSÃO

Quando se analisam as tragédias à luz da *Poética* de Aristóteles, convém ter presente que esta é descritiva e normativa. Como diz Alexandre Nicev, isso é fundamental para não se estranhar que algumas concepções aristotélicas dizem respeito apenas a um determinado modelo de tragédia[1]. Desde a definição de tragédia percebe-se que Aristóteles parte das tragédias que conhece – sem dúvida, em número muitas vezes maior do que nós conhecemos –, mas tem em mente propor normas de composição para os dramaturgos contemporâneos dele. Essas normas subordinam-se a uma visão literária da tragédia. Dito de outro modo: a tragédia é pensada segundo critérios de uma teoria da literatura. Por exemplo, para defender a tragédia das críticas contemporâneas, Aristóteles não vai achar melhor argumento do que o literário, como vimos no capítulo 3 deste trabalho: basta ouvir a leitura da peça para que ela atinja sua finalidade.

1. Alexandre Nicev, 1986, p. 153.

Criticando Paulo Hecker Filho por sua concepção literária de teatro, Anatol Rosenfeld afirma:

[...] é necessário combater uma opinião que tende a reduzir o teatro, por inteiro, à literatura, qualificando a cena como "secundária" e mero "artesanato", e atribuindo-lhe só "em diminuta margem" uma "legítima intuição artística criadora².

Na definição de tragédia, Aristóteles não esquece a cena: há atores. Como vimos no capítulo 1 deste trabalho, o modo da representação é constituído pelo "concurso de atores", e, então, o espetáculo é reconhecido como uma das partes da tragédia. Esse reconhecimento, no entanto, virá sempre com uma advertência, que ora lembra o caráter artesanal do espetáculo, ora insiste na preeminência do enredo para que a tragédia atinja seus fins.

É verdade que, se Aristóteles determina ao poeta que se restrinja à composição dos enredos, lembra-lhe também que os componha visualizando-os: compor enredos colocando-os diante dos olhos. Sem dúvida é o reconhecimento de que o drama está "ligado às artes visuais", como diz Ronald Peacok, "por sua localização no palco, pelos cenários e pelo uso de atores..."³

Aristóteles não esquece que a tragédia é para ser encenada⁴, mas insiste em que o valor dela está em ser literária, tanto quanto a epopéia. Todo o Capítulo 26 da *Poética* desenvolve essa concepção diametralmente oposta à nossa crítica contemporânea, para a qual não existe "razão nenhuma para dar à arte literária um *status* superior ao da arte teatral"⁵.

Perfeitamente compreensível, no entanto, a concepção aristotélica, quando a tragédia ainda tem como fonte a épica e a lírica

---

2. Anatol Rosenfeld, *Texto/Contexto*, 1985, p. 22.
3. Ronald Peacok, 1968, p. 34.
4. Aristóteles chega mesmo a reconhecer o papel da encenação para avaliar o efeito trágico – cf. capítulo 2 deste trabalho, p. 36.
5. Anatol Rosenfeld, 1993, p. 238.

Conclusão

que compõem a primeira "composição literária de uma representação religiosa do mundo"[6].

A tragédia, então, é representação da representação de uma ação. Ela reescreve, dramatizando, o que a epopéia e as poesias didática e lírica já celebraram. Essa dramatização reescreve inclusive o que Anatol Rosenfeld, em *O Teatro Épico*[7], chama de "moldura narrativa" (espaço, aparência das personagens, expressão corporal etc.), incorporando-a ao diálogo, como vimos no capítulo 3 deste trabalho.

Temos, então, de considerar, nessa reescritura, que as tragédias que conhecemos não correspondem totalmente ao modelo aristotélico.

Primeiramente, enquanto Aristóteles nega ao espetáculo um *status* POÉTICO, os poetas trágicos gregos fazem a poesia instaurar a cena com toda sua complexidade de signos visuais e auditivos. Isto já torna a leitura da tragédia diferente da leitura da epopéia, da poesia lírica e até dos diálogos de Platão, mesmo levando-se em conta que também nestes "a personagem é fonte da palavra"[8]. A tragédia oferece-nos a possibilidade de ler como espectador de uma encenação, que é um ato vivo e concreto, mesmo quando virtual. O diálogo platônico espera apenas um leitor que "decifre", empregando um termo de J. Andrieu, que mostra como "teatro e diálogo correspondem a duas atividades diferentes do espírito humano: uma orienta-se para o exterior e para a representação, a outra, para o interior e para a investigação"[9].

Em segundo lugar, vimos no capítulo 4 deste trabalho que enredo e espetáculo se conjugam. O bem desejado não se expressa só

---

6. "Mise en forme littéraire d'une représentation religieuse du monde" (Desautels, 1988, p. 32).
7. Anatol Rosenfeld, 1985, p. 35.
8. Anatol Rosenfeld, 1968, p. 35.
9. "Théâtre et dialogue correspondent à deux activités différentes de l'esprit humain: l'une s'oriente vers l'extérieur et la représentation, l'autre vers l'intérieur et l'investigation" (J. Andrieu, 1954, p. 315).

em planos, resoluções, atos, manifestações de alegria e dor das personagens, mas concatenados com o espaço social, a aparência, a expressão corporal, os acessórios. O enredo pode ser o maior responsável pelo prazer próprio da tragédia ao suscitar terror e piedade, mas com o concurso dos componentes visuais e auditivos.

E finalmente, por mais que Aristóteles queira o contrário, pode ocorrer, como em Orestes, que o espetáculo seja muito mais responsável pelo terror e piedade do que o enredo.

A "sabedoria" do poeta, diria Píndaro, a ideologia, diríamos nós, trabalha com as técnicas da dramatização, os dados dos mitos transmitidos tradicionalmente concatenando enredo e espetáculo e assim coloca O MITO EM CENA.

APÊNDICES

Ao expor em cursos e eventos as reflexões dos capítulos que formam este livro, muitas vezes fui instada a falar sobre a organização material do teatro grego e sobre os festivais em que se inseriam as representações. Igualmente foi-me solicitado expor sobre montagens e adaptações de tragédias gregas no Brasil.

Pareceu-me válido apresentar aos leitores de *Tragédia Grega: O Mito em Cena* a organização das encenações no V século a.C. na Grécia, quando foram representadas as tragédias de Ésquilo, Sófocles e Eurípides.

Igualmente válido é expor como as tragédias têm interessado nossos diretores de teatro, atores, escritores, professores e alunos, para montagem, leitura e reescritura, hábito este que remonta ao passado e continua hoje gerando mitos.

AS DIONISÍACAS URBANAS E AS REPRESENTAÇÕES TEATRAIS EM ATENAS

As representações teatrais em Atenas, na época clássica, estavam inseridas em festas dionisíacas, como um dos cultos que compunham essas celebrações em honra de Dioniso. Superiores em brilho e organização às celebrações dionisíacas de todo o mundo helênico, celebravam-se, em Atenas, por ano, cinco festas de culto a Dioniso: as Lenéias (em janeiro-fevereiro), as Antestérias (em fevereiro e março), as Oscofórias (na segunda quinzena de outubro), as Dionisíacas rurais (em dezembro-janeiro) e as Dioníacas urbanas (em março-abril). Dessas festas as mais importantes eram as Antestérias, as Lenéias e as Dionisíacas urbanas, sendo que apenas nas duas últimas havia, entre suas cerimônias, representações teatrais sob forma de concurso. Nas Dionisíacas urbanas, as representações foram incluídas a partir de 536 ou 533 a.c., com concursos de tragédias; os concursos de comédias começaram em 488 ou 486 a. C. Nas Lenéias, a comédia foi admitida oficialmente em 442 a.c. e a tragédia em 433 a.C.

Pouco sabemos a respeito das Lenéias ou Dionisíacas do Lenaio, ignorando-se mesmo a verdadeira significação de seu nome.

Derivaria de LĒNÓS, lagar, ou seria um outro nome atribuído às Bacantes. Poderia, ainda, estar relacionado com o nome do local das celebrações: LÍMNAI, os Charcos, onde, por estar ali o primeiro lagar inventado pelo deus do vinho, teria sido erguido o santuário de DIÓNYSOS EN LÍMNAIS. Suas cerimônias, organizadas e presididas pelo arconte-rei, ocorriam no mês de gamelião (fim de janeiro – início de fevereiro), no inverno, portanto, e compunham-se de uma procissão, em que se extravasava a alegria dionisíaca, e de um concurso de tragédias e comédias. A participação unicamente de atenienses – pois, no inverno, o mar não é navegável – é confirmada por Aristófanes em *Acarnianos*: "Estamos entre nós e é o concurso das Lenéias; ainda não chegaram estrangeiros... mas estamos sós agora, sem mistura" (vv. 504-505 e v. 507). Enquanto Aristófanes, como outros poetas cômicos, concorreu várias vezes nas Lenéias, os poetas trágicos raramente nelas apresentavam suas peças.

As dionisíacas urbanas

Não sabemos, com exatidão, o ano em que foram instituídas as Dionisíacas urbanas[1]. Podemos apenas estabelecer, considerando que eram presididas pelo arconte-epônimo, que não o foram antes de 683 ou 682, data em que esse magistrado passa a ser assim designado – antes era apenas arconte – e em que se tornam anuais as eleições para o exercício desse arcontado[2]. Segundo al-

---

1. As Dionisíacas urbanas eram também chamadas Grandes Dionisíacas ou simplesmente Dionisíacas, como atestam algumas passagens de autores gregos. Tucídides refere-se a essa festa como Dionisíacas urbanas (V, 20,1) e apenas como Dionisíacas (V, 23,4). Demóstenes também emprega esses dois nomes (*Contra Mídias* 10; *Contra Timarco*, 43; *Contra Mídias*, 1). Em Aristóteles encontramos o nome Grandes Dionisíacas (*Constituição de Atenas*, LVI, 4), ao lado de Dionisíacas (*Constituição de Atenas*, LVI, 3).
2. Esse arcontado, que inicialmente era vitalício, tornou-se em 725 a.C. decenal

guns historiadores, as Dionisíacas urbanas não devem a Pisístrato apenas o esplendor e a organização que as notabilizam no V século. Esse tirano, protetor das artes e das letras, sensível ao desenvolvimento do espírito religioso do povo, teria mesmo instituído essas celebrações[3]. Nesse caso, sua instituição teria ocorrido entre 561, início da tirania de Pisístrato, e 533, quando se integraram, nessas festas, as representações de tragédias.

Como as Dionisíacas urbanas eram celebradas na primavera[4], não constituíam apenas uma atração para os atenienses. No fim de março, passado o inverno, o mar se tornava navegável e acorriam para Atenas estrangeiros de todas as partes, para prazeres e negócios públicos ou particulares[5]. Ésquines, em *Contra Ctesifonte* (43), refere-se a homenagens que eram prestadas no teatro diante de todos os gregos. Demóstenes, em *Contra Mídias*, afirma que, estando presente no teatro, como corego, fora insultado diante de muitos estrangeiros e cidadãos. Isócrates nos informa que os aliados, após a Confederação Marítima de Delos, levavam seu tributo nessa ocasião e os apresentavam no teatro (*Paz*, 82).

Além de os dias das cerimônias serem feriados, algumas medidas contribuíam para favorecer a descontração e garantir a participação do povo. Era costume, nas Dionisíacas, libertar prisionei-

---

e em 683 ou 682 a.C., anual. Acrescentou-se, então, a qualificação de epônimo porque o ateniense investido dessa magistratura tinha a honra de dar seu nome ao ano em que a exercia.
3. Cf. P. Lévêque, 1967, p. 193 e R. Cohen, 1935, p. 89.
4. Um ditirambo de Píndaro composto para um concurso em Dionisíacas urbanas põe em relevo a estação do ano: "ó deuses... que vindes... receber coroas de violetas e os cantos que se colhem na primavera... vim celebrar... quando, ao abrir-se o aposento das Horas, uma floração doce como o néctar nos traz a primavera perfumada" (fragmento 45).
5. Como diz o tagarela de Teofrasto: "estão chegando muitos estrangeiros... a partir das Dionisíacas o mar é navegável" (*Caráter* III, 3). Deve-se entender por "estrangeiros" (xénoi), os gregos de outras cidades.

ros sob fiança. Alguns, ainda, conseguiam fugir, como o pai de Androcião, que, conforme nos conta Demóstenes, se evadira da prisão e, de ferros nos pés, fora visto dançando na procissão (*Contra Androcião*, 68). E, para tranqüilidade dos atenienses, a lei de Evégoros estabelecia que durante a procissão das Dionisíacas urbanas – como também no transcurso de outras festas – não era permitido aceitar ou executar hipotecas[6].

Nessas condições favoráveis e com a presença de atenienses e de estrangeiros, desenrolavam-se todos os atos dessa grande celebração: o PROAGÓN, a procissão, os concursos ditirâmbicos, o KÔMOS, as representações teatrais.

PROAGÓN

No 8º dia da primeira década do mês de ELAFEBOLIÃO[7], um sacrifício em honra de Asclépio, deus da saúde, marcava a abertura das Dionisíacas urbanas. Cantava-se um peã e em nome da pólis oferecia-se o sacrifício, para pedir, certamente, no momento em que o ano se renovava com a chegada da primavera, a saúde para a cidade. Nesse mesmo dia[8], tinha lugar o primeiro ato da festa: o PROAGÓN. Era uma cerimônia preliminar ao AGÓN, concurso teatral – o que explica seu nome – em que se tornava pública a escolha das peças, dos atores e dos coros que iam concorrer. As peças eram escolhidas pelo arconte-epônimo, com bastante antecedência, por causa dos ensaios dos coros e dos atores. Não sabemos se havia critérios para a escolha. O poeta que desejava concorrer en-

---

6. Cf. *Demóstenes, Contra Mídias*, 10.
7. O mês ateniense era dividido em três partes, contando-se, em cada uma delas, os dias de 1 a 10. O ELAPHEBOLIÃO corresponderia, por aproximação, ao fim de março e início de abril.
8. Por uma passagem de Ésquines, sabemos que o sacrifício a Asclépio e o PROAGÓN aconteciam no mesmo dia (*Contra Ctesifonte*, 69).

caminhava seu pedido de um coro ao arconte e, talvez, lhe lesse alguns trechos de suas peças[9]. Escolhidas as peças, o arconte designava os coregos entre os cidadãos indicados pelas tribos, para a subvenção dos coros e a supervisão dos ensaios[10]. A partir de 449[11], o arconte escolhia, também, após um concurso de atores, os protagonistas[12]. O conjunto corego, poeta e protagonista era estabelecido por um sorteio, mas, para equilibrar as oportunidades dos autores trágicos, cada protagonista interpretava uma tragédia de cada corrente. No PROAGÓN se anunciavam, então, os títulos das peças escolhidas e, talvez, o assunto de cada uma, com a apresentação ao público dos respectivos poetas, atores e coro. No Odeon[13], sobre um estrado provisório, o poeta, com seus atores e seu coro, apresentava-se diante do público. Não usavam máscaras nem as indumentárias da representação, mas todos, inclusive o poeta, ves-

9. Cf. Platão, *Leis*, VII, 817 d.
10. O Estado pagava os honorários dos poetas e dos atores, com sucesso ou não, e seus prêmios. As despesas do corego abrangiam: salários dos flautistas, cantores e treinadores; aquisição das vestimentas do coro; manutenção do coro desde os ensaios até a representação; um banquete para o coro após o concurso. No início do V século, o próprio poeta ensinava e regia o coro e até interpretava, como fez Ésquilo. Depois, além da supervisão do corego, havia KHORODIDÁSCALOS para ensaiar o coro. Na metade do IV século, ou talvez antes, o corego formava o coro com cantores profissionais. (Aristóteles, *Retórica* 1403b). Mas tanto os componentes do coro e o KHORODIDÁSCALOS eram cidadãos. De doze coreutas, passou-se, com Sófocles, para quinze, incluindo-se o corifeu; o coro da comédia compunha-se de vinte e quatro coreutas.
11. Até esta data a escolha era feita pelo próprio poeta.
12. O protagonista era também um diretor de companhia teatral que, aprovado, levava os outros atores – mais um com Ésquilo e mais dois, a partir de Sófocles – e tinha o material necessário para a representação. Os protagonistas que já haviam vencido em Dionisíacas de anos anteriores eram dispensados do concurso. Os atores eram livres de nascimento e pessoas muito consideradas; sua profissão não podia ser malvista, já que o teatro tinha um caráter sagrado.
13. Não sabemos se no antigo ou no construído por Péricles.

tiam roupas de festas e traziam a cabeça coroada[14]. O próprio poeta, nesse momento, anunciava o título e o assunto de sua peça[15].

A PROCISSÃO

No dia seguinte ao PROAGÓN, havia uma procissão, POMPÉ, para conduzir a estátua de Dioniso Eleutereu (o libertador) de seu templo ao teatro, dirigindo-se primeiro para um santuário do deus perto da Academia[16]. Destacava-se no cortejo a presença de magistrados – certamente o arconte-epônimo à frente – sacerdotes, cavaleiros, canéforas (virgens atenienses com cestas de oferendas), coros e coregos, cidadãos, metecos e estrangeiros. Seguiam atrás os bois que iam ser oferecidos em sacrifício. Como lembrança da exigência do deus por ocasião da instituição de seu culto em Atenas, carregavam-se falos[17]. Durante o trajeto cantava-se e os coros, antes da procissão deixar Atenas, dançavam junto a altares ou edi-

---

14. Em Platão, *Banquete* 194a, temos uma referência ao PROAGÓN que confirma a apresentação do poeta com os atores subindo ao estrado diante de uma platéia numerosa.
15. A passagem já citada do *Banquete* de Platão é clara quanto ao fato do próprio poeta apresentar a peça. Pickard-Cambridge, analisando o emprego de LÓGOS neste texto e em outros (Aristófanes, *Vespas* 54, *Paz* 50), argumenta em favor do anúncio não só do título mas também do assunto da peça (1969, p. 67).
16. Da porta de Dípilo, a noroeste de Atenas, saía uma estrada arborizada, de 1km aproximadamente, que levava à Academia. Na mesma direção, na altura da fronteira entre a Beócia e a Ática, estava Elêuteras, de cujo santuário um certo Pégaso teria partido com a estátua de Dioniso para introduzir o culto deste deus em Atenas. A procissão, ao levar a estátua para a Academia de onde traziam-na para o teatro, estava, certamente, revivendo o advento de Dioniso Eleutereu (Pausânias l, 29, 2 e l, 38, 8; cf. Places, 1969, p. 35).
17. Segundo um comentário (escólio) ao verso 243 da comédia *Acarnianos* de Aristófanes, os atenienses, de início, não receberam bem o deus e por isso foram atingidos por uma peste da qual se libertaram quando, por advertência de um oráculo, fizeram falos em honra de Dioniso (Pickard-Cambridge, 1969, p. 67).

fícios sagrados. Sacrifícios e banquetes preenchiam o restante do dia. Ao anoitecer, o cortejo voltava a Atenas, à luz de tochas, e colocava a estátua no teatro, que assim se tornava um espaço sagrado.

Os concursos ditirâmbicos e o kômos

O ditirambo, hino coral executado em hora de Dioniso, mesmo após ter dado origem à tragédia[18], não desapareceu. Ao contrário, teve assegurada sua existência autônoma, quando, em 408 a.C., seu concurso foi instituído nas Dionisíacas urbanas, no dia anterior às representações teatrais. Para esse concurso, as dez tribos de Atenas, após escolher cada uma seu corego, preparavam coros de homens e coros de meninos[19]. Cada coro cantava seu ditirambo com o acompanhamento de flautas e dançava fazendo evoluções ao redor do altar de Dioniso no centro da orquestra do teatro[20].

Após os concursos, as vitórias eram festejadas com banquetes seguidos de kômos: os convidados percorriam as ruas com música, cantos e danças.

---

18. Aristóteles, *Poética*, 49 a 9.
19. Cada tribo apresentaria dois coros, um de homens (de 18 a 30 anos) e um de meninos, com cinqüenta coreutas cada um, e teria, assim, dois coregos. Esta é a hipótese de Pickard–Cambridge (1969, pp. 66 e 74-75). É possível, entretanto, que, das dez tribos, cinco organizassem coros de homens e cinco, de meninos, com eleição, portanto, de dez coregos ao todo. A coregia deste concurso era mais cara que a das tragédias, dado o número de coreutas. O corego que triunfava recebia uma trípode que podia expor em um monumento com uma inscrição. Para este concurso, o arconte-epônimo só sorteava os flautistas, que também eram pagos pelo corego (Demóstenes, 156).
20. Por evoluir ao redor do altar, este coro é chamado cíclico. Depois da construção do Odeon de Péricles, os concursos ditirâmbicos eram apresentados nesse local. Acerca do acompanhamento de flautistas, ver Demóstenes, *Contra Mídias*, 156.

As representações teatrais

Os três últimos dias das Dionisíacas urbanas eram consagrados às representações teatrais das peças que haviam sido anunciadas no PROAGÓN. Do nascer do sol até à tarde, em teatro ao ar livre, atores e coros, com máscaras e vestimentas apropriadas, representavam tragédias, dramas satíricos e comédias, diante de um público numeroso. Ao final dos três dias de concurso, juízes pronunciavam o veredicto.

O teatro

O teatro, para as representações dramáticas das Dionisíacas urbanas, era ao ar livre e compreendia as seguintes partes: LOGEÎON ou PROSKÉNION, SKĒNÉ, ORKHÉSTRA e THÉATRON.

No LOGEÎON, uma espécie de palco não muito alto em relação à ORKHÉSTRA[21], os atores representavam. Atrás do LOGEÎON erguia-se a SKĒNÉ, uma construção retangular, de madeira, onde, como em nossos camarins, os atores vestiam as indumentárias, colocavam as máscaras, preparavam-se, enfim, antes e no decorrer da representação[22]. Certamente, no interior dessa construção, guardavam-se os acessórios e a maquinaria teatral[23] e acima de seu teto

---

21. Na época clássica, o LOGEÎON não era muito alto, pois, como se depreende das peças então apresentadas, havia uma comunicação entre o coro e o ator que não poderia se estabelecer com um palco de quatro metros de altura; LOGEÎON, com esta elevação e de pedra, data da época helenística, quando o coro não participava da ação ou já havia desaparecido.
22. É muito discutível que tenha havido uma decoração com cenários na época clássica. Discutível também a afirmação de que, entrando pela direita, os atores representavam personagens que vinham da ágora e, pela esquerda, os que chegavam do campo ou do estrangeiro. Ver, a respeito, Rachet, 1973, pp. 166-167.
23. É possível que já existissem mecanismos – ENKÝKLĒMA – para trazer para cena o resultado do que se passara no interior do palácio ou fora das vistas

surgiam as aparições divinas. A ORKHḖSTRA, uma pista circular onde se erguia o altar de Dioniso, era reservada ao coro. Nela o coro cantava e dançava. O THÉATRON era uma platéia semicircular, formada por um número variável de bancadas de madeira[24] apoiadas, em geral, na encosta de uma colina. Por passagens laterais, PÁRODOI, entre o THÉATRON e a SKĒNḖ, o coro tinha acesso à ORKHḖSTRA e o público, ao THÉATRON.

As vestimentas e as máscaras

Na tragédia, a indumentária do ator compunha-se fundamentalmente de duas peças: o KHITṌN e o EPÍBLĒMA. O KHITṌN trágico era a longa veste jônia que, ajustada acima da cintura, caía até os pés; suas largas mangas cobriam todo o braço. Por cima do KHITṌN, o ator vestia o EPÍBLĒMA, quer na forma de HIMÁTION, manto longo e largo, quer como KHLAMÝS, curto e preso nos ombros. No drama satírico, os atores que desempenhavam papéis de heróis trajavam-se como os trágicos. Na comédia antiga, em geral, os atores vestiam um KHITṌN bem curto. Depreende-se das peças uma variação nas vestes e acessórios conforme as atribuições das personagens ou as circunstâncias em que se encontram. Assim identifica-se Apolo pelo arco e aljava, Atena, pela égide, um guerreiro pela armadura, um rei, pelo manto vermelho e cetro; um velho apóia-se a um cajado; para as mulheres o KHITṌN é cor de açafrão, mas Electra veste-se de preto; Dioniso, em *Rãs*, está envolto numa pele de leão e empunha uma clava para passar por Héracles.

---

do público; por exemplo, para expor os corpos de Clitemnestra e de Egisto em *As Coéforas*, provando o assassínio cometido por Orestes. Existia, sem dúvida, a MĒKHANḖ que elevava as personagens (ex. Medéia e seus filhos no final da peça) e propiciava a aparição de deuses acima da SKĒNḖ.

24. As arquibancadas de pedra e as PROEDRÍAS (lugares de honra) de mármore datam do século IV em diante.

O calçado era o comum – o EMBÁS ou uma bota, EMBÁTĒS – com sola normal. Os coturnos, isto é, calçados com solados altos, talvez tenham sido usados somente a partir do século II a.C. Antes disso, apenas em caracterizações especiais como a de Dioniso querendo ter a estatura de Héracles em *Rãs*. O coro, na tragédia, vestia-se de acordo com o caráter que assumia em cada peça. Por exemplo, as danaides em *As Suplicantes* de Ésquilo estão paramentadas à moda bárbara. No drama satírico, os coreutas, como representavam sátiros, vestiam um calção de pele de cabra com uma cauda de cavalo. Na comédia antiga, verifica-se total liberdade na maneira de vestir o coro, pois seus componentes, muitas vezes, representam criações fantásticas: aves, vespas, nuvens...

As máscaras ajudavam a completar a caracterização tanto dos atores como do coro. Modelada em tela endurecida em argamassa e recoberta de gesso, ao qual se dava a cor de tez pintando-se, também, os olhos e os lábios, pois tanto para uns como para outros, só havia fendas[25], recobria o rosto do ator e dava-lhe a fisionomia de homem ou mulher, de jovem ou velho, de escravo ou senhor. Peruca e barba completavam de acordo com a necessidade. Acerca das máscaras trágicas do século V pouco sabemos, a não ser que tinham ar nobre e sereno. Para o drama satírico, a máscara do herói era igual à trágica, mas a dos sátiros tinha perfil bestial e adunco, orelhas pontudas como de cabras, cabelos em desordem. Na comédia antiga, para personagens comuns havia máscaras de olhos grandes, nariz disforme e boca larga; para criações fantásticas, cabeças de aves, rostos com um olho só; para representar pessoas conhecidas, como nas comédias de Aristófanes em que este autor pôs em cena Eurípides, Cleão, Sócrates e outras personalidades da época, máscaras com traços caricaturais.

25. Máscaras com uma abertura desmesurada para a boca só vão aparecer na época helenística. Considerando a acústica dos teatros gregos não havia necessidade de artifícios desse tipo para ampliar a voz.

Público

Sempre que se aborda este assunto, surge a questão da presença de mulheres, crianças e escravos entre os cidadãos e os estrangeiros que lotavam o teatro.

Algumas passagens de Aristófanes provam, inquestionavelmente que os meninos iam ao teatro. Em *Paz*, um dos escravos diz que vai explicar o assunto aos meninos e aos homens (v. 50). Na parábase dessa mesma peça, o poeta solicita o apoio dos homens e dos meninos para que ele obtenha a vitória (v. 766)[26]. Como os meninos iam, os escravos-pedagogos certamente os acompanhavam. Pode-se, também, admitir que os escravos, em geral, que participavam de outros cultos domésticos e civis, assistiam às representações. Além disso, poderiam freqüentar o teatro na função de acompanhantes de seus senhores, como faziam em outras ocasiões.

Pode-se admitir a presença das mulheres no teatro, considerando algumas passagens do próprio Aristófanes. Assim, um trecho de *Paz* (vv. 962-67) sugere que as mulheres estão sentadas nas últimas filas[27]. Ésquilo, em *Rãs*, acusa Eurípides de ser culpado do suicídio de nobres esposas (v. 1050) e, em *Tesmofórias*, as mulheres comentam e citam versos de Eurípides com indignação. Aristófanes estaria colocando em cena fatos e opiniões reais do cotidiano da mulher ateniense? E se mulheres se suicidavam ou se indignavam por causa da má fama que lhes imputava Eurípides, isto significaria que conheciam suas tragédias por terem assistido à representação? Não obrigatoriamente.

Talvez só na época de Platão[28] as mulheres tenham começado a freqüentar o teatro, embora ainda se possa perguntar: se moças

26. Ver também *Nuvens*, 537-9.
27. Mas, nas passagens já citadas da mesma peça, não se faz referência a mulheres; explicar-se-á o assunto aos meninos e aos homens e é de ambos que o poeta espera o apoio para a vitória.
28. *Leis*, VII, 817 C; II, 658 d; *Górgias*, 502 d.

atenienses, filhas de cidadãos, participavam, como vimos, da procissão das Dionisíacas, por que não assistiriam às representações que também eram um ato sagrado? Homens, jovens, crianças e escravos, e talvez mulheres, pagando dois óbolos de entrada[29], permaneciam no teatro o dia todo. É provável que, levando comida de casa, fizessem suas refeições no próprio teatro. Sair durante as representações, pelo que nos diz Aristófanes, talvez só fosse possível se o espectador tivesse asas. Em *As Aves*, o corifeu diz que se um espectador possuísse asas, voaria, quando sentisse fome e se aborrecesse com os coros trágicos, e iria almoçar em casa e, depois, satisfeito, voltaria ao teatro (vv. 786-89).

Todo esse público manifestava com aplausos e aclamações sua aprovação; quando descontente, assobiava e batia os pés contra os bancos. Segundo Heródoto (VI, 21) uma peça de Frínico, a *Tomada de Mileto*, emocionara os espectadores até às lágrimas[30]. Essa expansão de sentimentos perdura, pois Isócrates, no século IV, censura o povo que não se apieda com os sofrimentos acarretados pela guerra e, no entanto, chora sobre os infortúnios imaginados pelos poetas[31].

Mantinha-se, apesar de todas as manifestações, a ordem necessária à execução do programa. Se algum espectador exagerasse em seu entusiasmo e começasse a perturbar, um policial[32] batia-lhe com uma vara no ombro para que se contivesse e se comportasse.

Esse público, cuja inteligência é valorizada por Aristófanes[33], procurava, também, ruidosamente influir no julgamento.

29. A cobrança dos dois óbolos seria para a conservação do teatro, mas, a partir de Péricles, essa quantia era distribuída para que todos pudessem assistir à representação.
30. O poeta foi punido com uma multa de mil dracmas por ter lembrado desgraças nacionais e a representação da peça foi proibida.
31. *Panegírico*, 168.
32. Um RHABDOÛKHOS, Aristófanes, *A Paz*, 734.
33. *Cavaleiros*, 225-233.

O VEREDICTO

Crê-se que, no início, o próprio povo outorgava os prêmios. Mais tarde, a BULÉ – o conselho dos Quinhentos –, com a assistência dos coregos, escolhia antes do começo da festa, em cada uma das dez tribos, um certo número de cidadãos capazes de cumprir essa tarefa. Os nomes desses cidadãos eram colocados em urnas, uma para cada tribo, selada pelos prítanes e pelos coregos e colocados na Acrópole sob a guarda dos tesoureiros. No dia dos concursos, o aronte-epônimo tirava de cada urna um nome, de modo que os dez nomes representassem todas as tribos e, em conseqüência, toda a cidade. Os juízes, assim designados, se comprometiam por juramento a julgar conforme sua consciência[34]. Tinham, certamente, lugares reservados para assistir às representações. Após o concurso, cada um, em meio às manifestações do público, votava, por escrito, explicitando o lugar que conferia aos concorrentes: poetas, coregos e protagonistas. Os dez julgamentos eram colocados de novo numa urna. Desta, retiravam-se apenas os votos de cinco juízes. A decisão destes era a definitiva para a outorga dos prêmios. Este sistema podia dificultar a corrupção e a intimidação pessoal, pois os juízes votavam antes da escolha dos cinco cujo veredicto era o único considerado[35].

O arauto proclamava o nome do poeta vencedor e o aronte-epônimo cingia-lhe a cabeça com uma coroa de hera.

Era o fim da festa[36].

34. Aristófanes, *Assembléia das Mulheres*, 1159-60. Convém, a respeito da escolha dos juízes e do julgamento do concurso, consultar Lísias IV, 3; Demóstenes, *Contra Mídias* 17, 65; Platão, *Leis* II, 659 a.
35. Escavações revelaram que os resultados dos concursos eram registrados. Nesses registros figuravam os nomes do arconte, do poeta, das peças e dos protagonistas. A partir desses registros, Aristóteles teria feito catálogos das peças de teatro sob o nome de *Didascálias*.
36. No dia seguinte, em assembléia, o povo examinava, primeiro, a gestão do arconte-epônimo e, depois, os delitos que tivessem ocorrido durante a festa, para decidir os que deviam ser encaminhados ao tribunal.

A TRAGÉDIA GREGA HOJE
ALGUMAS REPRESENTAÇÕES NO BRASIL

Com uma certa regularidade, particularmente a partir da década de sessenta, tem havido, no Brasil, montagens de peças gregas do século V a.C. Além dessas montagens, quase todas de tragédias, o drama antigo tem inspirado adaptações e outras criações para o teatro.

Quanto às montagens das peças, temos as que privilegiam o texto pronunciado e aquelas em que este se expressa, em grande parte, pelo espetáculo.

No primeiro caso, como a recitação do texto guia a representação, a direção concentra-se no ator, dando ênfase ao tom. À arte da dicção subordinam-se expressão facial, gesto e marcação. Assim foi a encenação de *Édipo Rei*, em 1967, dirigida por Flávio Rangel. Este diretor, por reconhecer a força excepcional do texto – mesmo tratando-se da tradução da peça – considerou que seria um erro uma encenação sofisticada. Sua montagem, então, foi simples, mas contou com grandes atores, como Paulo Autran, Teresa Rachel e Cleide Yáconis, que, segundo o diretor, se dedicaram, até o desespero, para encontrar o tom justo na emissão de uma fala, como, em função desta, a expressão facial e os gestos. Não quer dizer que Flávio Rangel tenha descurado da aparência do ator, sua maquilagem, penteado e indumentária, e do espaço cênico. Ao contrário, cuidou para que tudo evocasse personagens e lugares gregos, embora reconhecesse que não poderia ser rigorosamente fiel aos costumes da época e, muito menos, recuperar uma postura religiosa ou ensaiar o coro de acordo com uma coreografia e música que nos são desconhecidas. Como a montagem não foi preparada para teatro ao ar livre, mas para representação em recinto fechado e sem a orquestra do espaço cênico grego, atores e coro ocupavam o palco, com foco de luzes pondo em relevo as personagens, sua marcação, e indicando as entradas do coro. Embora não se possa, então, a rigor, falar em encenação grega, houve respeito pelo que confere perenidade ao texto clássico. Esse respeito, sem nenhuma preocupação com interpretações conjunturais e, por isso mesmo, sem aproximações com a realidade brasileira, não impediu que a peça, tendo percorrido, de abril a setembro, várias capitais – Curitiba, Porto Alegre, São Paulo, Belo Horizonte, Salvador, Recife, Rio de Janeiro –, alcançasse êxito excepcional. Os teatros tinham, quase sempre, que providenciar lugares extras para os espectadores. Às representações seguiram-se debates e conferências, principalmente com professores, estudantes universitários e alunos de colégios.

Em 1983, duas companhias montaram *Édipo Rei*, uma, em São Paulo e outra, no Rio de Janeiro. A montagem de São Paulo, dirigida por Márcio Aurélio, apesar de ter contado com mais recursos visuais do que a encenação de Flávio Rangel, apoiou-se, ainda, de modo preponderante, no trabalho dos atores. Não houve preocupação com fidelidade a indumentárias da época – Édipo e Jocasta, em muitas cenas, se apresentavam seminus – nem a espaços cênicos gregos. Diretor e atores principais se preocuparam em fazer a encenação salientar a relação homem/poder/mulher, como a versão adequada à época atual. A atriz Ítala Nandi encarnou Jocasta com a consciência de uma feminista, assumindo o suicídio como uma revolta contra os deuses masculinos. A música, segundo seu compositor, Lívio Tractemberg, brotou, ligada às falas, com a flauta para a mulher e a percussão para o homem. Tirésias foi representado como mulher, por escolha não fundamentada em pesquisa mitológica, mas para evocar o matriarcado.

No Rio de Janeiro, o diretor Paulo Afonso de Lima preferiu fazer uma montagem com poucos recursos visuais, concentrando-a exclusivamente no ator, para desenvolver melhor a idéia de um teatro íntimo, interiorizado. Para esse diretor, *Édipo Rei* faculta essa linha, porque, entre as múltiplas leituras que permite, é a tragédia da busca de identidade. Embora não estivesse preocupado com aproximações conjunturais, reconhece que o fenômeno religioso, a que essa busca está ligada, não deixa de estar presente no Brasil. Não quis, no entanto, fazer aproximações políticas. Isto não impediu que a atriz Isolda Cresta, que fez o papel de Tirésias, compondo, segundo ela própria, uma pessoa sem sexo, chamasse a atenção para a conotação política do adivinho: aquele que dá um aviso e não é ouvido, como muitos que, em meio a nossas lutas, alertam e não conseguem conscientizar. Música folclórica grega compôs a trilha musical da peça que foi encenada em teatro de câmara, um espaço exíguo, que aproxima ator e espectador.

A *Electra* de Sófocles tem merecido também algumas montagens que privilegiam o texto e, como conseqüência, o desempenho do ator. Assim foi com a representação do Grupo Mambembe de Afonso Grisolli, para platéias operárias em Niterói, em 1963, e do Grupo Decisão de São Paulo, sob a direção de Antônio Abujamra, em 1965. Em 1968, essa tragédia voltou aos palcos, compondo um espetáculo em branco e preto, sem música e sem jogo de luzes, encenada por jovens intérpretes do Grupo de Teatro Rotunda, de Campinas, dirigidos por Teresinha Aguiar, oriunda da Escola de Arte Dramática de São Paulo, com estágios no exterior.

Em 1987, o diretor Jorge Takla, propondo-se a apresentar o mito de Electra, solicitou à dramaturga Maria Adelaide Amaral a preparação de um texto. Maria Adelaide, após ter lido as dramatizações desse mito feitas por Sófocles, Eurípides, Marguerite Yourcenar e O'Neill, optou por trabalhar a versão do primeiro. Optou também por se orientar por Sartre, ao examinar a adaptação que este fez da tragédia *As Troianas* de Eurípides, isto é, respeitar a estrutura e o conteúdo das frases, reelaborando a linguagem, preservando a forma poética, sem referências excessivas. Assim, eliminou as referências míticas que faziam parte do cotidiano dos gregos, mas que considerou secundárias, já que dificultariam a passagem de sentido, hoje, para o público em geral, isto é, um público não constituído apenas de eruditos. Por essa razão também desenvolveu algumas personagens, para que a trama fosse bem compreendida. As referências a Agamenão, por exemplo, compuseram dois planos. Em vez de um cenário simulando o palácio, como indica o texto de Sófocles, foram dispostos ao fundo telões vermelhos e, bem à frente, no palco, dois divãs cujas cabeceiras eram decoradas com entalhes de capitéis gregos. Junto aos telões, imóvel, ao longo de quase toda a encenação, permanecia Agamenão – certamente, ele significava o poder cujo signo em Sófocles é o palácio –, saindo dessa imobilidade apenas quando os atores, junto aos divãs, referiam-se a ele. Nesses momentos, então, os relatos eram acompanhados pela expressão corporal do ator que desempenhava o papel de Agamenão. As indumentárias não seguiram o figurino grego. Os atores vestiam roupas modernas, de cor preta, exceto Orestes, Agamenão e Pílades, que trajavam vestes brancas. Um grupo de quatro moças compunha o coro que apenas recitava. Houve dança do coro, no início da peça, ao som de música erudita. Focos de luzes diferentes delimitavam o lugar da ação, em cada momento: só junto aos divãs; concomitantemente junto aos divãs e a Agamenão; junto ao coro. Sem fugir da estrutura da tragédia de Sófocles, respeitando mesmo a solenidade da linguagem clássica, a *Electra* de Jorge Takla e de Maria Adelaide Amaral, apesar da cena despojada e de ainda se concentrar no ator, apela um pouco mais para o visual. Sem ser vanguardista, quanto ao espetáculo, trata-se de uma montagem em que privilegiar a recitação do texto não dispensa que este se expresse também com a ajuda da expressão corporal, mesmo nas passagens de narrativas.

Na experiência teatral vanguardista, o espetáculo sobrepuja o texto pronunciado. Assim, muitas realidades que só acedem à representação por intermédio da palavra, como os fatos que ocorreram em outros momentos e espaços ou que, concomitantemente, ocorrem em outros espaços, que seriam apenas contados em cena, passam também a ser representados.

A este tipo de teatro pertence a montagem da tragédia *As Bacantes*, pelo diretor José Celso Martinez Corrêa, do Teatro Oficina em São Paulo. Embora respeite a estrutura da peça, com todo seu enredo, ele não hesita em transformar uma referência mitológica numa ação ou a dimensão verbal do teatro em dimensão visual. Logo no início, por exemplo, quando o coro, no párodo, conta o nascimento de Dioniso, começa uma encenação que evoca o mito desde a união de Zeus e Sêmele, dividida em temas: 1° "namoro, céu e terra": o encontro de Zeus e Sêmele; 2° "no início era o ciúme": Hera agindo contra Sêmele; 3° "gravidez": a relação de Zeus e Sêmele em que esta concebe; 4° "1° nascimento: no fogo" – Zeus se manifesta a Sêmele como deus; 5° "2° nascimento": Dioniso nasce da coxa de Zeus. Depois dessas cenas, o coro retoma o canto e a dança, de novo voltando ao texto. A tradução mantém o conteúdo das frases, mas em linguagem bem coloquial, conservando o tom solene nos diálogos do rei com os súditos e do deus com o homem.

A indumentária não se subordina aos figurinos da Grécia clássica, mas aos caracteres e papéis atribuídos às personagens. Assim Penteu entra em cena de terno e gravata, como convém a um bem-apessoado jovem no poder. Só se despirá desses trajes, para se disfarçar de mulher, quando Dioniso o induz a ir espionar as bacantes.

Dioniso chega, na primeira cena, como marinheiro, para evocar sua origem; quando é aprisionado, entra de tanga, amarrado a um tronco que lembra o martírio de São Sebastião, santo de devoção popular; quando leva Penteu travestido, usa máscara de touro.

Na primeira apresentação, no teatro de arena de Ribeirão Preto, em 12 de agosto de 1995, a música foi a popular brasileira, mas que é universalmente apreciada pela juventude, com predominância de instrumentos elétricos. Ao final da representação, o Evoé báquico se transmudou em grito de carnaval num congraçamento de público e atores.

José Celso transforma, com essa montagem, o mito da instituição do culto de Dioniso na Grécia no mito da afirmação do teatro-espetáculo.

Além dessas encenações e adaptações, o drama antigo tem inspirado, no Brasil, peças para a televisão e para teatro.

Em 1975, tivemos uma das mais expressivas criações inspiradas na tragédia *Medéia* de Eurípedes: a *Gota d'Água* do dramaturgo e diretor de teatro Paulo Pontes e de Francisco Buarque de Holanda.

Paulo Pontes e Chico Buarque, na apresentação que prefacia a edição da peça *Gota d'Água*, afirmam que a adaptação de *Medéia* para a televisão feita por Oduvaldo Vianna Filho lhes "fornece a indicação de que na densa trama de Eurípides estavam contidos os elementos da tragédia" que queriam revelar.

De fato, facilmente, pode-se fazer um paralelo entre vários elementos da fabulação de uma e de outra peça.

Em ambas, há uma situação de abandono que gera ciúme e desejo de vingança da mulher traída pelo homem amado. Após ter usufruído de anos de dedicação da mulher que se apaixonara por ele, Jasão abandona-a por um casamento vantajoso. Com a mesma violência com que amara e rompera, por amor, laços de família, Medéia (em *Medéia*) ou Joana (em *Gota d'Água*) passa a odiar. As energias que empregara em benefício de Jasão, ela trama desencadear todas contra ele, sua noiva e seu futuro sogro.

Em relação às demais personagens, verifica-se que, tanto em *Medéia* como em *Gota d'Água*, Jasão é o homem amado e traidor, Creonte, o futuro sogro, Egeu aquele que oferece hospitalidade à mulher abandonada. Os nomes os identificam. O que torna essa identificação significativa é que, embora sejam outras as circunstâncias, os sentimentos dessas personagens por Medéia ou Joana são da mesma natureza, gerando comportamentos análogos, apesar de vestirem costumes de épocas diferentes.

Medéia e Joana têm, em comum, a capacidade de dominar e, assim, de impor condições até para seus inimigos. Creonte e Jasão são dominados: o primeiro, ao conceder um dia de prazo para partir; o segundo, por crer, nesse dia, que a mulher que, há pouco, vociferava contra seu casamento, agora, serena, lhe dá razão, e, por aquiescer, quando ela lhe pede que deixe os filhos levarem um presente para a noiva.

Um só dia de prazo para partir é a condição que impõe Medéia, que impõe Joana. De um só dia precisa Medéia, precisa Joana para agir contra seus inimigos.

Embora Medéia e Joana tenham, em comum, a situação de abandono, o ciúme, o desejo de vingança e até o tipo de argumentação nos debates e a estratégia daquele "um só dia", elas se distanciam, fundamentalmente, pela força que as move.

Em *Gota d'Água*, a coletividade vive um problema no conjunto habitacional Vila do Meio-Dia: o financiamento das moradias é corrigido além das possibilidades econômicas dos compradores. Isto gera um conflito entre os mutuários e o dono do conjunto, Creonte. Joana é um deles, mas vive, além desse conflito, a dor de ter sido abandonada por Jasão que vai se casar com Alma, filha de Creonte. Egeu, líder dos mutuários, é também o compadre de Joana, a quem aconselha, ampara e oferece acolhida.

O problema dos mutuários e a dor de Joana, desde o início da peça, são concomitantes. Os mutuários se opõem a Creonte enquanto poder econômico que os oprime. Na oposição que Joana lhe faz, pesa sobretudo sua dor, porque o poder econômico a oprime também por ter seduzido Jasão, levando-o para outra mulher. Coletividade e Joana estão em busca do reconhecimento de seus direitos.

O fato de Joana se manifestar, ao longo de quase toda a ação, mais oprimida pela dor de perder Jasão do que pela opressão comum a todos, não significa que não tenha consciência de seus direitos como mutuária. Aliás, é por ela que se manifesta a consciência de que os mutuários já são proprietários, pelo que diz a Jasão, que por ordem de Creonte, tenta despejá-la:

O preço que constava na escritura eu já paguei

(p. 121 – 2º ato).

E acrescenta que constatara que

Tinha pago o preço antigo e já devia duas vezes mais

(p. 122 – 2º ato).

Para concluir, consciente de que a coletividade também decidira, por orientação de Egeu, não pagar mais nenhuma prestação:

Não pago. Não tem castigo
E todo mundo aí já deu pra trás.
Se vem falar de despejo comigo,
despeja todo mundo
....
Esta casa eu paguei, "seu" Jasão

(p. 122 – 2º ato).

A Tragédia Grega Hoje – Algumas Representações no Brasil

Após essa decisão de despejo, a coletividade se dispõe, sempre sob a liderança de Egeu, a discutir com Creonte tanto o sistema das prestações como a permanência de Joana.

Creonte, poder econômico, que encontra em Jasão um adjuvante político, sabe, por orientação deste, contentar os mutuários com algumas medidas que aliviam a situação temporariamente. Não adianta Egeu perceber que não basta apenas reformar o conjunto e perdoar as prestações atrasadas, argumentando:

> Tem que discutir e estudar direito o próprio sistema de pagamento, essas correções.
>
> (p. 137 – 2º ato)

Creonte convencera a todos. Egeu ainda tenta sozinho evitar o despejo de Joana. Creonte manda esquecer e encerra o assunto convidando a todos para o casamento de Jasão e Alma. Joana fica só. Mesmo o coro de mulheres, que até então estivera com ela, deixa-a, aceitando ser contratado para preparar os doces e salgados do casamento. Egeu também fica só, já que, abandonando sua liderança, a coletividade, iludida, instaura o inimigo como seu chefe. Jasão, como adjuvante político de Creonte, revelou sua competência para sentar-se na cadeira do sogro. O poder sanciona positivamente aquele que, embora saia do povo, o ajuda a se consolidar, promovendo uma falsa conciliação com a coletividade.

Joana não tem, para enfrentar esse poder, a força do sagrado que habita Medéia, mas, apenas, a força de seu ciúme, de seu ódio, da consciência de seus direitos legítimos embora não legais. Não a socorrem os poderes sobrenaturais que todos temiam e em que ela própria confiava. Enquanto Medéia está investida da magia de neta do Sol e é realmente DEINÉ, capaz de desencadear as forças que punem quem transgride o que foi legitimado no espaço sagrado, Joana conta somente com a magia do povo, como se depreende de seu último AGÓN com Jasão. Quando este lhe diz que a abandona porque ela "Tem uma ânsia, um apetite" que o "esgota" (pp. 125-126 – 2º ato), Joana lhe replica:

> Só que essa ansiedade que você diz não é coisa minha,
> não, é do infeliz do teu povo...

(pp. 126-127 – 2º ato).

Povo que tenta vingar-se de quem, como Jasão, não lhe é fiel, com a ameaça de negar-lhe a força criadora de sua magia.

> Mas Jasão – ameaça Joana –
> já lhe digo o que vai acontecer:
> tem u'a coisa que você vai perder,
> é a ligação que você tem com sua
> gente, o cheiro dela, o cheiro da rua,
> você pode dar banquetes, Jasão,
> mas samba é que você não faz mais não,

(p. 127 – 2º ato)

Povo que só espera uma conciliação verdadeira numa esfera que transcende, como lhe faz crer a magia de seus cultos e rituais, o espaço dos Creontes e Jasões e de uma coletividade inconsciente em sua contínua tragédia social.

Com os "elementos da trama" de uma tragédia grega que expressa o conflito de uma personagem mítica, Paulo Pontes e Chico Buarque compuseram uma tragédia brasileira, colocando em cena o conflito de um povo.

Além das representações e adaptações, fazem-se leituras dramatizadas de peças gregas. Destaca-se nessa arte o grupo Giz-en--scène formado por professores e alunos de grego e de latim da

Faculdade de Ciências e Letras da UNESP, Campus de Araraquara (FCL/CAR.) e por um professor de sânscrito da Faculdade de Filosofia, Letras e Ciências Humanas da USP. O Giz-en-scène há quinze anos vem fazendo leituras dramatizadas de tragédias e comédias gregas e latinas e de textos sânscritos – poesia e drama – em várias cidades do país, em espaços acadêmicos ou teatros, sendo que em 2001 apresentou-se no Teatro Municipal de Ouro Preto, cidade que sediou, nesse ano, o IV Congresso Nacional da Sociedade Brasileira de Estudos Clássicos (SBEC). Apesar de ser leitura dramatizada, as peças são apresentadas com cenário, indumentárias, máscaras, marcação, alguma expressão corporal e facial. O próprio Grupo encarrega-se de toda montagem, das confecções necessárias e da direção. Os textos preparados pelos professores do Grupo para essas leituras estão sendo publicados pela Faculdade de Ciências e Letras da UNESP /Campus de Araraquara-SP, compondo a Coleção *Giz-en-scène – Textos Clássicos.*

Companhias de profissionais e grupos de amadores, que encenam ou apenas fazem leitura dramatizada, voltam-se constantemente para o V século a.C., na Grécia, em busca de uma peça para representar, adaptar ou recriar. Graças a esse interesse de dramaturgos, atores, leitores e diretores, o drama antigo grego continua vivo, no Brasil, em condições promissoras neste terceiro milênio.

BIBLIOGRAFIA

AÉLION, R. *Euripide, héritier d'Eschyle.* Paris, Les Belles Lettres, 1983.

ANDRIEU, J. *Le Dialogue Antique – Structure et présentation.* Paris, Les Belles Lettres, 1954.

ARTAUD, A. *Le théâtre et son double.* Paris, Gallimard, 1964.

BARKO, I. e BURGESS, B. *La Dynamique des points de vue dans le texte de théâtre.* Paris, Lettres Modernes/Minard, 1988.

BORIE, M.; ROUGEMONT, M. de e SCHERER, J. *Esthétique théâtrale.* Paris, SEDES, 1982.

CAÑIZAL, E. P. "Do Significante Ausente no Teatro". *Itinerários* n. 5, Araraquara, FCL-UNEP, 1993, pp. 15-48.

CHAPOUTIER, F. e MERIDIER, L. *Euripide, Oreste.* Paris, Les Belles Lettres, 1968.

COHEN, R. *Nouvelle Histoire Grecque.* Paris, Hachette, 1935, p. 89.

DESAUTELS, J. *Dieux et mythes de la Grèce Ancienne.* Québec, Les Presses de L'Université Laval, 1988.

DEZOTTI, M. C. C. *Pandora Cômica: As Mulheres de Aristófanes.* São Paulo, 1997. 277 p. Tese (Doutorado em Letras Clássicas) Faculdade de Filosofia, Letras e Ciências Humanas, Universidade de São Paulo.

DUPONT-ROC, R. e LALLOT, J. *Aristote, La Poétique. Texte, traduction, notes*. Paris, Éditions du Seuil, 1980.

FACHIN, L. "Intertexto Mítico e Teatro Moderno". *Itinerários* n. 2, Araraquara, pp. 55-91, 1991.

_____. "Teatro: Escritura e Reescritura". *Itinerários* n. 5, Araraquara, pp. 245-260, 1993.

_____. "Marguerite Yourcenar Reescreve" *Electra. Revista de Letras*. São Paulo, vol. 33, pp. 175-185, 1993.

_____. "O Espaço da Narrativa no Teatro". *Itinerários* n.12, Araraquara, pp. 103-110, 1998.

_____. "Ler Antígona Hoje." In: *Literatura e Pluralidade Cultural*. Atas do III Congresso Nacional da Associação Portuguesa de Literatura Comparada. Lisboa, Edições Colibri, 2000, pp. 151-158.

GINSBURG, J. e outros. *Semiologia do Teatro*. São Paulo, Perspectiva, 1978.

GIRARD, G.; OUELLET, R. e RIGAULT, C. *L'Univers du Théâtre*. Paris, Puf, 1978.

GONÇALVES, M. M. T. Estética Teatral. *Itinerários* n. 5, 1993, pp. 5-14.

HARDY, J. *Aristote, Poétique. Texte établi et traduit*. Paris, Les Belles Lettres, 1969.

HEGEL, G. F. *Estética. Poesia*. Trad. de Alvaro Ribeiro. Lisboa, Guimarães, 1964.

INGARDEN, R. "As Funções da Linguagem Teatral". In: *O Signo Teatral*. Org. e trad. de Luiz Arthur Nunes e outros. Porto Alegre, Globo, 1977.

ISSACHAROFF, M. *Le spectacle du discours*. Paris, Librairie José Corti, 1985.

KOWZAN, T. *Littérature et Spectacle*. La Haye/Paris, Mouton, 1975.

_____. "O Signo no Teatro". In: INGARDEN, R. *O Signo Teatral: A Semiologia Aplicada à Arte Dramática*. Org. e trad. de Luiz Arthur Nunes e outros. Porto Alegre, Globo, 1977.

_____. *Sémiologie du Théâtre*. Paris, Nathan, 1992.

LARTHOMAS, P. *Le langage dramatique*. Paris, Armand Colin, 1972.

LESKY, A. *A Tragédia Grega*. São Paulo, Perspectiva, 1971.

LÉVÊQUE, P. *L'Aventure Grecque*. Paris, Armand Colin, 1964. Trad. portuguesa de Raul Miguel Rosado Fernandes. Lisboa, Cosmos, 1967, p. 193.

Bibliografia

MALHADAS, D. "As Dionisíacas Urbanas e as Representações Teatrais em Atenas". *Ensaios de Literatura e Filologia* n. 4. Belo Horizonte, 1983-1984.

_____. "Édipo Múltiplo e Uno". In: BRANDÃO, J. L. (org.). *O Enigma em Édipo Rei*. Belo Horizonte, UFMG-CNPq, 1985, pp. 118-128.

_____. "O Drama Antigo Hoje – As Representações no Brasil". *Humanitas* XXXIX-XL. Coimbra, pp. 105-113, 1987-88. E nos *Anais* da 4ème Rencontre Internationale sur le Drame Antique du Centre Culturel Européen de Delfos (Grécia), 1988.

_____. "Reparação de uma Injúria: Mito e Espetáculo". *Revista de Letras*. São Paulo, vol. 29, pp. 79-86, 1989.

_____. "O Mito na Poesia Lírica Coral de Píndaro". *Itinerários* n. 2 – Parte II, Araraquara, pp. 82-87, 1991.

_____. "O Espetáculo na Tragédia Grega". *Itinerários* n. 5, Araraquara, pp. 49-60, 1993.

_____. "A Dramatização dos Retornos na Literatura Grega". *Itinerários* n. 8, Araraquara, pp. 21-30, 1995.

_____. "Orestes de Eurípides – Terror e Piedade". *Humanitas* XLVII. Coimbra, pp.187-195, 1995.

NICEV, A. "A Propos de la *Poétique* d'Aristote". *Revue des Études Grecques* XCIX. Paris, pp. 153-160, 1986.

PALLOTTINI, R. *Introdução à Dramaturgia*. São Paulo, Brasiliense, 1983; Ática, 1988.

_____. *Dramaturgia: Construção do Personagem*. São Paulo, Ática, 1989.

PAVIS, P. *Dicionário de Teatro*. Trad. J. Guinsburg e Maria Lúcia Pereira. São Paulo, Perspectiva, 1999.

_____. *Voix et images de la scène: pour une sémiologie de la réception*. Lille, Presses Universitaires de Lille, 1985.

PEACOK, R. *Formas da Literatura Dramática*. Rio de Janeiro, Zahar Editores, 1968.

PICKARD-CAMBRIDGE. *The Dramatic Festivals of Athens*. Oxford, At the Claredon Press, 1969.

PLACES, E. des. *La Religion Grecque*. Paris, Picard, 1969.
RACHED, C. M. *Pluto no Contexto da Poética Aristofânica*. Araraquara, 1999, 119 p. Dissertação (Mestrado em Estudos Literários) – Faculdade de Ciências e Letras, Universidade Estadual Paulista.
RACHET, G. *La tragédie grecque*. Paris, Payot, 1973.
REDONDO, J. (org.) *O Teatro e sua Estética*. Lisboa, Arcádia, 1963.
REINHARDT, K. *Sophocle*. Paris, Ed. de Minuit, 1971.
_____. *Eschyle, Euripide*. Paris, Ed. de Minuit, 1972.
RIVIER, A. *Essai sur le tragique d'Euripide*. Paris, Diffusion de Boccard, 1975.
ROCHA, E. S. *A Gota que se Fez Oceano: O Espetáculo da Palavra em "Gota d'Água"*. Araraquara, 1998. 224 p. Dissertação (Mestrado em Estudos Literários) – Faculdade de Ciências e Letras, Universidade Estadual Paulista.
ROMILLY, J. de. *La Modernité d'Euripide*. Paris, PUF, 1986.
RONNET, G. "Le sentiment du tragique chez les Grecs". *Revue des Etudes Grecques* LXXVI, Paris, pp. 327-336, 1963.
ROSA, E. B. da. *Medéia: O Sagrado e o Profano*. Araraquara, 1989, 192 p. Dissertação (Mestrado em Estudos Literários) – Faculdade de Ciências e Letras, Universidade Estadual Paulista.
_____. *As Paixões do Medo e da Vergonha em Três Peças de Eurípides: Hipólito, Hécuba e Andrômaca*. São Paulo, 1996, 360 p. Tese (Doutorado em Letras Clássicas) – Faculdade de Filosofia, Letras e Ciências Humanas, Universidade de São Paulo.
ROSENFELD, A. *Texto/Contexto*. São Paulo, Perspectiva, 1985.
_____. *O Teatro Épico*. São Paulo, Perspectiva, 1985.
_____. *Prismas do Teatro*. São Paulo, Edunicamp/Edusp/Perspectiva, 1993.
SAÏD, S. *La faute tragique*. Paris, François Maspero, 1978.
SANTOS, F. B. dos. *Canto e Espetáculo em Eurípides: Alceste, Hipólito e Ifigênia em Áulis*. São Paulo, 1999, 273 p. Tese (Doutorado em Letras Clássicas) – Faculdade de Filosofia, Letras e Ciências Humanas, Universidade de São Paulo.

Bibliografia

_____. *O Filoctetes de Sófocles: Introdução, Tradução e Notas.* São Paulo, 1989, 206 p. Dissertação (Mestrado em Letras Clássicas) – Faculdade de Filosofia, Letras e Ciências Humanas, Universidade de São Paulo.

SOURIAU, E. *As Duzentas Mil Situações Dramáticas.* Trad. Maria Lúcia Pereira. São Paulo, Ática, 1993.

SOUZA, E. de. *Aristóteles, Poética.* Tradução, Prefácio, Introdução, Comentário e Apêndices. Porto Alegre, Globo, 1966.

SOUZA, M. G. G. de. *Antígona: A Conjunção de Zeus e Dike.* Araraquara, 1991, 181 p. Dissertação (Mestrado em Estudos Literários). Faculdade de Ciências e Letras, Universidade Estadual Paulista.

THOMASSEAU, J.-M. "Pour une analyse du para-texte théâtral. Quelques éléments du para-texte hugolien". *Littérature* 53, 1984, pp. 79-103.

UBERSFELD, A. *Lire le théâtre.* Paris, Editions Sociales, 1978.

_____. *Lire le théâtre I.* Paris, Editions Belin, 1996.

_____. *Lire le théâtre II: L'École du spectateur.* Paris, Messidor, 1981; Paris, Belin, 1996.

_____. *Lire le théâtre III: Le Dialogue de théâtre.* Paris, Belin, 1996.

Título	*Tragédia Grega: O Mito em Cena*
Autora	Daisi Malhadas
Capa	Tomás B. Martins e Ricardo Assis
Editoração Eletrônica	Aline Sato Amanda Almeida
Revisão	Luiz Alberto Machado Cabral
Formato	14 x 21 cm
Tipologia	Minion
Papel	Cartão Supremo 250 g/m2 (capa) Pólen Soft 85 g/m2 (miolo)
Número de Páginas	111
Impressão e Acabamento	Lis Gráfica